Gerhard Dieterle

Büro kommunikation

Manager-Info 3

Local Area Networks
(LAN)

– INHAUSNETZE –

DATAKONTEXT~VERLAG

CIP-Kurztitelaufnahme der Deutschen Bibliothek

Bürokommunikation: Manager-Info. – Köln :
Datakontext-Verlag
   Teil 1/2 u.d.T.: Darazs, Günter: Bürokommunikation
3.Dieterle, Gerhard: Inhausnetze. – 1985

Dieterle, Gerhard:
Inhausnetze – Local Area Networks : (LAN) /
Gerhard Dieterle. – Köln : Datakontext-Verlag,
1985
   (Bürokommunikation : 3)
   ISBN 3-921899-50-8

2. unveränderte Auflage

ISBN 3-921899-50-8

Druck: Graphischer Betrieb Karl Plitt, Oberhausen

Printed in Germany

Inhalt

		Seite
1.	**Einleitung**	7
2.	**Die neuen Kommunikationstechniken –**	
	eine Herausforderung an das Management	9
	2.1 Entwicklungstrends der EDV-Technik	9
	2.2 Entwicklungstrends der Nachrichtentechnik	12
	2.3 Schlußfolgerungen	15–16
3.	**Grundlagen der LAN-Technologien**	17–27
	3.1 Analoge und digitale Informationsübertragung	19
	3.2 Leitungs- und Paketvermittlung	21
	3.3 Basis- und Breitbandverfahren	25
4.	**Local Area Networks –**	
	Konzeptionen und technische Realisierungen	29–59
	4.1 LAN – Technologien	30
	4.1.1 Übertragungsmedien	31
	4.1.2 Zugriffsverfahren	32
	4.1.3 Topologien	34
	4.1.4 Basis- und Breitbandtechnik	37
	4.2 LAN – Systemmerkmale	39
	4.2.1 Benutzerschnittstellen	41
	4.2.2 Communication Services	42
	4.2.3 Netzwerk Management	44
	4.2.4 Bridges und Gateways	44
	4.3 LAN – Ausführungsformen	47
	4.3.1 Infrastruktur-orientierte Systeme	49
	4.3.2 Applikations-orientierte Systeme	52
	4.4 LAN – Standardisierung	54–59
	4.4.1 ISO – Schichtenmodell	55
	4.4.2 LAN – Standardisierung	56
	4.4.3 'Offene' Kommunikation	58
5.	**Der Einsatz von Local Area Networks im Unternehmen**	61–81
	5.1 Besondere Problemstellungen	64
	5.2 Lösungsansätze durch LAN's	68
	5.2.1 Infrastruktur-bezogene Lösungen	69
	5.2.2 Applikations-bezogene Lösungen	77
6.	**Entwicklungstendenzen für die Zukunft**	83–85
7.	**Erläuterung wichtiger Fachbegriffe**	87–89

0. VORBEMERKUNG

In jüngster Zeit sind zum Thema 'Local Area Networks' mehrere Bücher erschienen, die sich vornehmlich mit den technischen Grundlagen befassen und deren Zielsetzung darin besteht, eine Übersicht über die am Markt verfügbaren Systeme zu geben.

Das vorliegende Buch setzt sich in einer anderen Art und Weise mit dem Thema 'Local Area Networks' auseinander, indem es sich an diejenigen wendet, die über den Einsatz oder die Entwicklung dieser Technologien gewollt oder ungewollt entscheiden müssen: an

Manager und Führungskräfte auf Anwender- und Herstellerseite.

Ich bin mir bewußt, daß eine umfassende Diskussion dieses Themas organisatorische, personelle, soziale und (Firmen-) politische Auswirkungen mit einbeziehen müßte. Eine derart komplexe Behandlung würde aber den Rahmen dieses Buches sprengen. Deshalb sollen die Betrachtungen auf das technische Umfeld beschränkt bleiben; doch nicht systemtechnische Details, sondern Erläuterungen zur Dimension des Themas 'LAN' stehen im Mittelpunkt dieses Buches. Technische Einzelheiten werden nur in dem Umfang erläutert, wie es zum Verständnis der nachfolgenden Kapitel erforderlich ist.

Warum 'Local Area Networks' für Manager?

Die Bundesregierung kommt in ihrem 'Regierungsbericht Informationstechnik 1983' zu dem Schluß, daß die Nutzung und Entwicklung der Informationstechnologien wesentliche Voraussetzung für den Erhalt der Wettbewerbsfähigkeit der deutschen Industrie, für die Sicherung von Wachstum und Arbeitsplätzen ist. Im Gegensatz zu dieser Erkenntnis steht aber die praktische Nutzung dieser neuen Technologien, die bisher in der Bundesrepublik Deutschland sehr gering ist. Der Erfolg unserer Unternehmen, die mit großen Anstrengungen ihre im internationalen Vergleich ungünstige Position auszugleichen versuchen, ist aber mit der Akzeptanz der Informationstechnologien in allen Bereichen unserer Gesellschaft unlösbar verbunden.

In den vergangenen vier Jahren konnte ich mir durch viele Gespräche mit Herstellern und Anwendern einen persönlichen Eindruck vom Grad der Akzeptanz der neuen Kommunikationstechnologien und speziell der 'Local Area Networks' in der Bundesrepublik verschaffen. An dieser Stelle gilt mein Dank allen Gesprächspartnern – Produktmanagern, DV- und Organisations-Leitern, Geschäftsführern und Managern – für die Offenheit, mit der sie über ihre Hoffnungen und Wünsche, aber auch Sorgen und Befürchtungen in diesem Zusammenhang gesprochen haben.

Zusammenfassend kann ich sagen, daß sich die Vertreter der Fach- und mittleren Führungsebenen zumeist tief besorgt über den Rückstand der Bundesrepublik Deutschland auf diesem Gebiet geäußert haben. Als eines der Haupthindernisse für die offensive Auseinandersetzung mit den neuen Technologien wurde meist die mangelhafte Unterstützung entsprechender Initiativen durch das Top-Management genannt.

Die Einsicht über die Bedeutung der LAN-Technologien zu fördern – die zu den treibenden Faktoren für die Entwicklung der Informationstechnologien gehören – war für mich Motivation, das vorliegende Buch als **Information für Manager** über das sich rasant entwickelnde Gebiet der Local Area Networks zu schreiben.

Nur die Annahme der Herausforderung durch die Informationstechnologien wird unserer Industrie helfen, ihre Wettbewerbsfähigkeit zu behaupten. Hersteller und Anwender in der Bundesrepublik Deutschland müssen heraus aus dem kommunikationstechnischen 'Pat', in dem eine Seite auf die Initiative der anderen wartet und beide auf den Innovationshorizont 'USA' schauen.

An dieser Stelle gilt mein Dank meinen Kollegen und dem Management im Hause SCS, ohne deren Unterstützung dieses Buch in der vorliegenden Form nicht hätte erscheinen können.

Moosburg, im Herbst 1984

Der Autor

1. EINLEITUNG

Der Vorsprung der USA im Bereich der Mikroelektronik und hier speziell auf dem Gebiet der Mikroprozessor- und Software-Technologien setzt sich **direkt** bei den neuen Kommunikationstechniken fort und verschärft die Situation für die deutsche Industrie sowohl in den Exportmärkten als auch in der Bundesrepublik Deutschland. So werden die neuen LAN-Technologien – die die Gestaltung verteilter Systeme, die Nebenstellenanlagen der 4. Generation und die Entwicklung hochkomplexer Computernetze entscheidend mitbestimmen – fast ausschließlich von US-Firmen angeboten, die im Begriff sind, den Weltmarkt unter sich aufzuteilen.

Weltweit rüsten die großen DV-Hersteller durch Zusammenziehung ihres Engineering-Potentials und mit Milliarden-Investitionen zum Kampf um den Kommunikationsmarkt – der unbestritten als Markt der Zukunft gilt. In nicht wenigen Ländern – z. B. Japan und England – wurde die Weiterentwicklung der Kommunikationstechnik zur 'nationalen Angelegenheit' erklärt und wird fortan mit Milliardenbeträgen aus den öffentlichen Haushalten subventioniert.

Was bedeutet diese Entwicklung für die Bundesrepublik Deutschland?

Nach einer Phase des Zögerns setzt sich auch in bundesdeutschen Unternehmen die Erkenntnis durch, daß es sich bei der Kommunikationstechnik um eine Schlüsseltechnologie handelt, die die Wettbewerbsfähigkeit der deutschen Industrie umittelbar bestimmt. Die Bundesregierung fördert deshalb innovative Entwicklungen im Rahmen der 'Sonderprogramme zur Förderung der Mikroelektronik' und durch Unterstützung des europäischen 'ESPRIT'-Programmes.

Für die Unternehmen bedeutet der Einsatz modernster Kommunikationstechnologien eine spürbare Verbesserung der Informationsverarbeitung und führt zu größerer Effizienz der operationellen Aktivitäten in allen Bereichen.

Auf der Suche nach den richtigen Maßnahmen wird allerdings der komplexe Charakter dieser Materie deutlich, deren Verständnis hohe fachliche Qualifikation verlangt und deren Bewertung nur im Rahmen der mittel- und langfristigen Zielsetzung eines jeden Unternehmens vorgenommen werden kann.

Für Hersteller und Anwender haben die mit den Informationstechnologien verbundenen Investitionen in hohem Maße strategischen Charakter, deshalb sollten Investitionsentscheidungen von Fach- und Führungsebenen gemeinsam getroffen und verantwortet werden. Diese Investitionsentscheidungen sind aufgrund ihres Umfangs und ihrer langfristigen Bindung mit einem nicht unerheblichen Risiko behaftet und ohne Verständnis der fundamentalen Zusammenhänge, die die Entwicklung der Kommunikationssysteme bestimmen, nicht sachgerecht zu treffen.

Die speziell in der Bundesrepublik Deutschland vorherrschende Auffassung, Fortschritte auf dem Kommunikationssektor seien an die Fortschritte im öffentlichen Bereich gebunden (Post), hat für die deutsche Industrie zu einer einseitigen Orientierung und zu einem gefährlichen Rückstand bei der Entwicklung und Anwendung von Systemen zur Inhouse-Kommunikation geführt und Japanern und Amerikanern einen weiteren Vorsprung auch auf diesem Gebiet verschafft.

Die Inhouse-Kommunikationssysteme, die sich auch auf LAN-Technologien stützen, stellen einen eigenen Innovationsraum dar, dessen Innovationsgeschwindigkeit von der im öffentlichen Bereich entkoppelt ist und der weltweit einen Milliarden-Markt bedeutet.

Diese Sichtweise ignoriert nicht, daß die Bundespost im Rahmen ihrer ISDN-Planungen und Glasfaser-Entwicklungen wesentliche Impulse auch für die Inhouse-Kommunikation liefern wird. Ihr vitales Interesse bleibt aber auf Dienstleistungen für die nicht-unternehmens-interne, öffentliche Kommunikation gerichtet und kann deshalb nur wenig auf unternehmensspezifische Erfordernisse eingehen. Die Entwicklungen im Inhouse-Bereich sind komplementär und eigenständig im Vergleich zu denen im öffentlichen Bereich zu verstehen. **Hersteller und Anwender in der Bundesrepublik Deutschland sollten den Innovationsspielraum im Inhouse-Bereich gemeinsam nutzen.**

Für die Hersteller ist dies zwingend, da sie sich in wenigen Jahren gegenüber im Ausland entwickelten und produzierten **'verteilten Systemen'** behaupten müssen.

Für Anwender ist dies ebenfalls zwingend, da der Einsatz der Kommunikationssysteme zu einer effektiveren Gestaltung der Arbeitsabläufe führt und die Wettbewerbsfähigkeit der Unternehmen erhöht. Die schnelle Verfügbarkeit relevanter Information zur richtigen Zeit ist ebenso Produktionsfaktor wie Material und Energie.

Als einer der tragenden Bausteine zur Gestaltung unternehmensweiter Kommunikations-Lösungen kommt deshalb den **Local Area Networks** große Bedeutung zu.

2. DIE NEUEN KOMMUNIKATIONSTECHNIKEN – EINE HERAUSFORDERUNG AN DAS MANAGEMENT

Um die Bedeutung der neuen Kommunikationstechniken und die der Local Area Networks richtig ermessen zu können ist es hilfreich, sich die Entwicklungstrends der Datenverarbeitungs-(DV-) und Nachrichtentechnik zu vergegenwärtigen.

2.1 ENTWICKLUNGSTRENDS DER DV-TECHNIK

In den **60er** Jahren ist die Situation durch weitgehend isolierte, **offline-orientierte** Groß-DV-Lösungen gekennzeichnet. Die Peripherie besteht ausschließlich aus nicht-„intelligenten" Geräten; ein Großcomputer (Mainframe) bearbeitet mit Multi-programming-Betriebssystemen Anwenderprogramme im Stapelverfahren. CPU-Kapazität, (Kern-)Speicher und Massenspeicher sind teuer, Kommunikationslösungen (gestrichelte Linie) schwach entwickelt (Bild 1a).

Die **70er** Jahre bringen erstmals deutliche Veränderungen in den Gesamtarchitekturen. Neben dem offline-orientierten Stapelverfahren gewinnt die Online-Verarbeitung, d. h., die **terminalorientierte** Programm(-ablauf)Steuerung zunehmend an Bedeutung. Die Prozessoren der Großcomputer werden von der Verwaltung der Peripheriegeräte durch Front-End-Prozessoren (FEP) entlastet. Die Preise für CPU-Kapazität, Speicher und Massenspeicher sinken deutlich, dedizierte Kommunikationslösungen zwischen Computern verschiedener Hersteller werden entwickelt (Bild 1b).

In den **80er** Jahren koexistieren verschiedenartige Lösungen: während die klassischen Mainframe-Netzarchitekturen weiter verfeinert werden, gewinnen die Local Area Networks als offene, verschiedene Computer verbindende Netze und als incorporierte, geschlossene Lösungen (Proprietary LAN's) zunehmend an Bedeutung. Der rapide Preisverfall für CPU-Kapazität, Speicher und Massenspeicher sorgt für zunehmend intelligente Peripheriegeräte, die ihrerseits mehr Kommunikation erlauben (Bild 1c).

Die **90er** Jahre werden diesen Trend noch deutlicher fortsetzen. Der von den LAN-Technologien ausgehende Entwicklungsdruck auf die klassischen DV-Netze wird zu einer Umstrukturierung und Erweiterung der DV-Netz-Architekturen führen und sich zusätzlich in incorporierten Lösungen durchsetzen. Die offenen LAN's werden sich neben den ISDN-Lösungen zum Rückgrat der unternehmens-internenen Kommunikation entwickeln. Die Einbeziehung verschiedener Mainframes, Textsysteme, Terminals, Microcomputer usw. in eine **unternehmensweite Kommunikationsinfrastruktur** wird einen Umbruch im Design der Applikations-Software bringen. Programme, die heute noch für Multiprogramming-Betriebssysteme auf Großcomputern ausgelegt und dort resident sind, werden schon bald durch solche für dedizierte, kommunikationsfähige Betriebssysteme auf im Verbund arbeitende Computer ersetzt werden (Bild 1d).

Die Groß-DV-Lösungen folgen einem Trend zur Dezentralisierung, der zunächst durch den Preisverfall der Hardware ausgelöst wurde und der durch

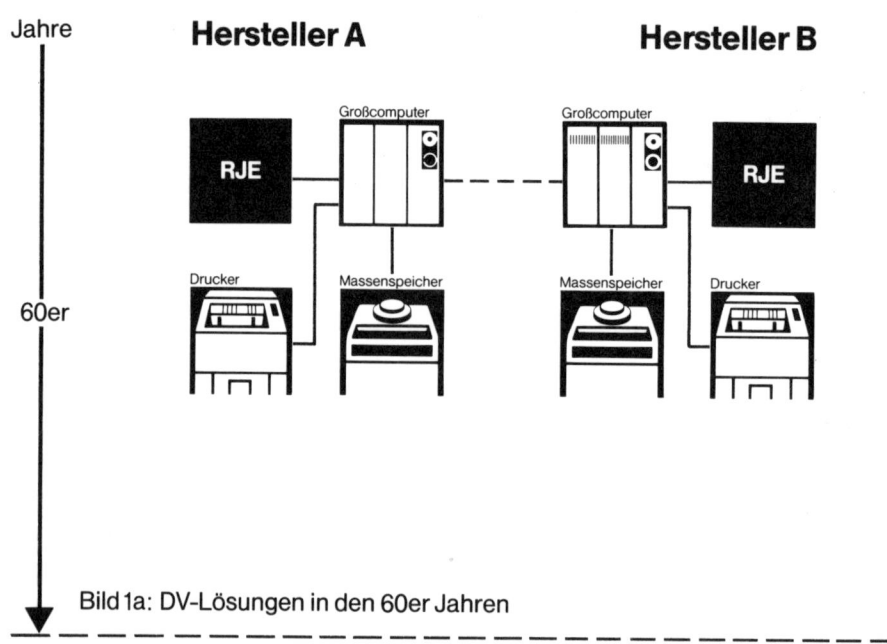

Bild 1a: DV-Lösungen in den 60er Jahren

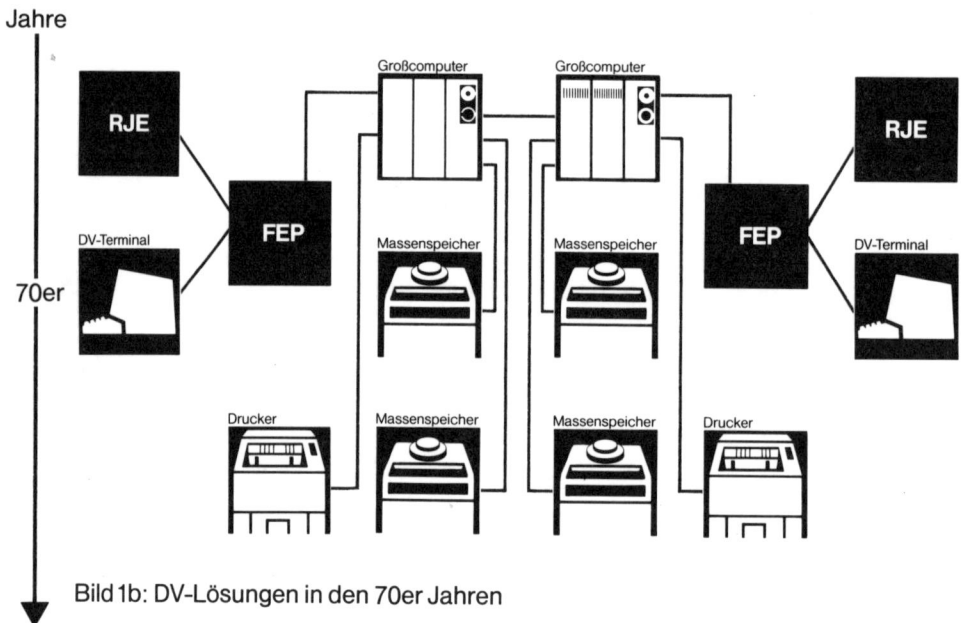

Bild 1b: DV-Lösungen in den 70er Jahren

Bild 1: Die Veränderung klassischer DV-Strukturen unter dem Aspekt „Kommunikation"

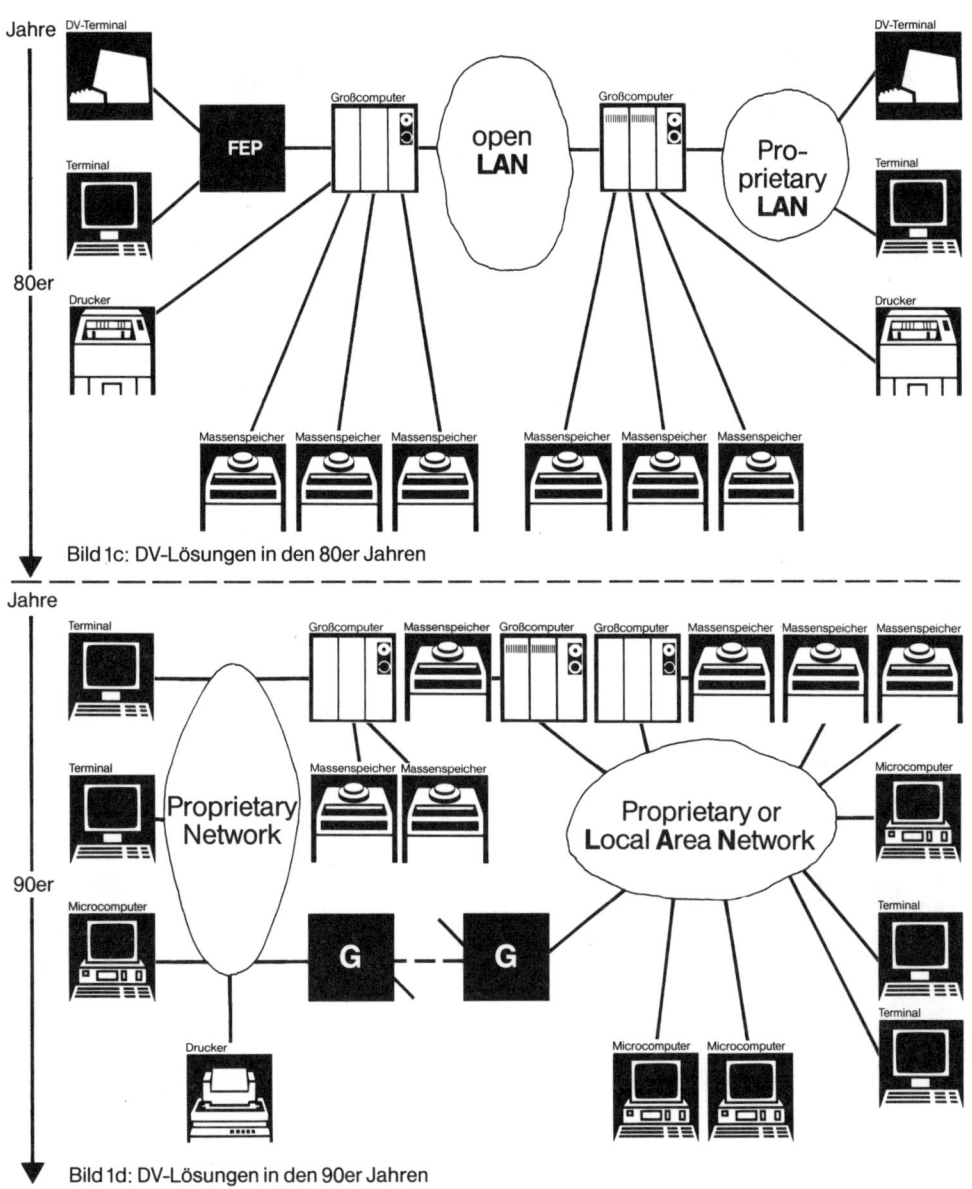

Bild 1c: DV-Lösungen in den 80er Jahren

Bild 1d: DV-Lösungen in den 90er Jahren

Bild 1: Die Veränderung klassischer DV-Strukturen unter dem Aspekt
„Kommunikation"

11

das Auftreten der LAN-Technologien als Grundlage zur Gestaltung kommunizierender Lösungen massiv verstärkt wird.

2.2 ENTWICKLUNGSTRENDS DER NACHRICHTENTECHNIK

Die Veränderung im DV-Bereich findet ihre Entsprechung in den nachrichtentechnischen Lösungen des Anwenders, die auf öffentlichen Netzen und Diensten der Bundespost basieren.

In den **60er** Jahren stützen sich private Netzlösungen fast ausschließlich auf Postnetze und leitungsorientierte Verbindungen der Nebenstellenanlagen (PABX). Die Bundespost bietet Fernmeldedienste auf dem analogen Fernmeldenetz und Datenübermittlungsdienste auf dem digital arbeitenden IDN (Integriertes Text- und Datennetz) an. Im Inhouse-Bereich werden (bis heute) analoge Telefonnebenstellenanlagen zur Datenübertragung benutzt, indem Modems zwischen Datengerät (Computer, Terminal) und Telefonanschluß geschaltet werden (Bild 2 a).

In den **70er** Jahren werden diese Lösungen durch den massiven Ausbau der DV-Netze ergänzt. Da diese meist auf zentralistischen Architekturen beruhen, treten als Folge die typischen 'Verkabelungs- und Umzugsprobleme' auf (Engpässe in den vorhandenen Kabelschächten/Neuverkabelung beim Verlegen eines Arbeitsplatzes). Hinzu kommt, daß an einem Arbeitsplatz oft mehrere Geräte aufgestellt und verkabelt werden müssen, weil z. B. durch wachsende DV-Unterstützung mehr Programme auf zueinander inkompatiblen DV-Systemen gefahren werden. **Es wird offensichtlich, daß solche Lösungen wenig praktikabel sind und vor allen Dingen keine Wachstumspfade aufzeigen.** Auf Anwenderseite wächst der Wunsch nach Kompatibilität und einer 'sauberen' Lösung für den weiteren Ausbau der hausinternen Kommunikationsinfrastruktur. Der Ausbau mainframe-bezogener Datennetze stützt sich in dieser Zeit auf herstellerspezifische Verkabelung, Telefon-Nebenstellenanlagen (PABX) und Datex-Leitungen bzw. HfD, wenn überregionale Verbindungen hergestellt werden müssen (Bild 2 b).

Die Bundespost bietet in den **80er** Jahren eine Reihe neuer Dienste wie Teletext, Bildschirmtext und Videodienste (zunächst Kabelfernsehen) an. Die Inanspruchnahme dieser Dienste erfordert neue und zusätzliche Endgeräte in den Unternehmen, die ihrerseits 'angeschlossen', d. h., verkabelt werden müssen und damit das Problem noch verschärfen.

Zwei Netzlösungen koexistieren, bilden aber erkennbar keine Alternative zum Aufbau einer umfassenden, unternehmensweiten Kommunikationsinfrastruktur: die privaten, für Sprachverkehr optimierten Nebenstellenanlagen (PABX) in Sternstruktur und die Terminalnetze der Groß-DV, meist ebenfalls in Sternstruktur und optimiert für Datenverkehr. Der Übergang auf digitale Nebenstellenanlagen mit erweiterter Funktionalität, gebunden an die Entwicklung ISDN, erfordert eine völlig neue Generation von Endgeräten (Telefon, Multifunktions-Terminals usw.) und läßt deshalb auf sich warten.

In diese Bedarfslücke stoßen die Local Area Networks als Mittel zur funktionalen Integration und Verknüpfung existierenden und zukünftigen Equipments und zur Überwindung bestehender Inkompatibilitäten. Sie integrieren

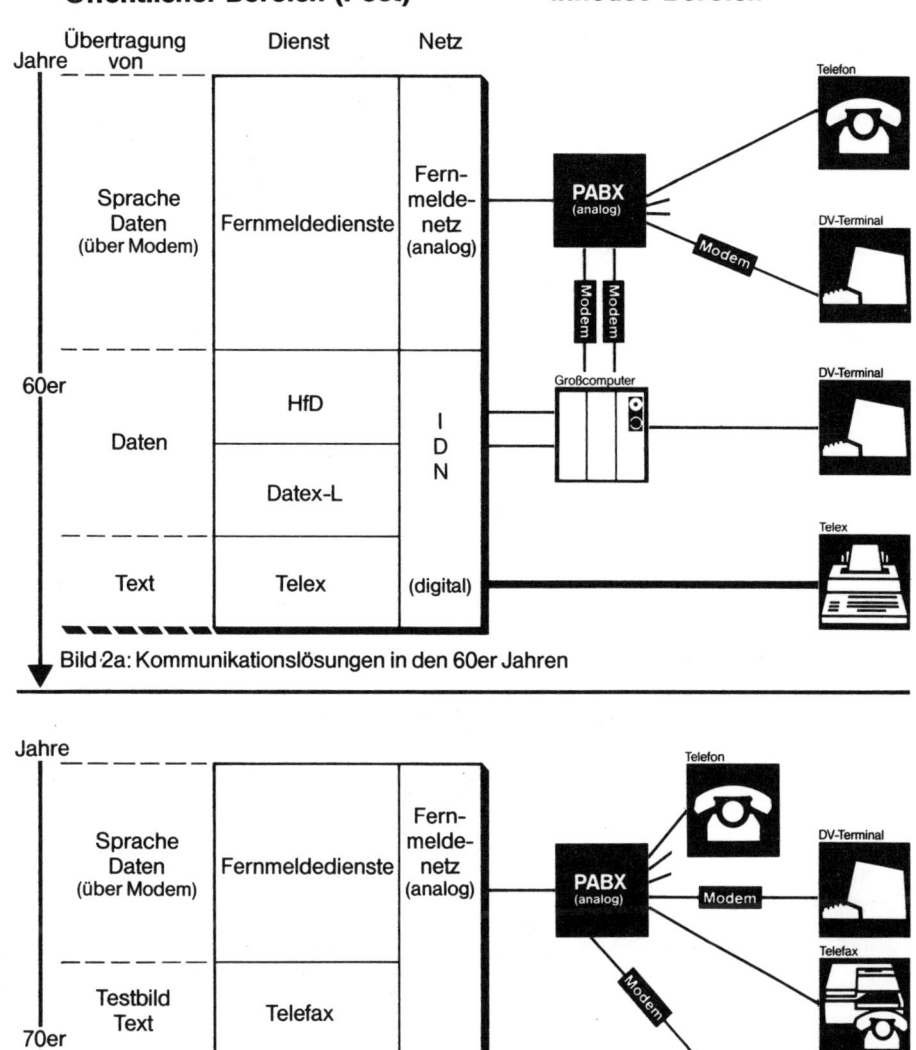

Öffentlicher Bereich (Post)   **Inhouse-Bereich**

Bild 2a: Kommunikationslösungen in den 60er Jahren

Bild 2b: Kommunikationslösungen in den 70er Jahren

Bild 2: Die Gestaltung privater Kommunikationslösungen unter dem Einfluß der Entwicklungen im öffentlichen Bereich (Post)

13

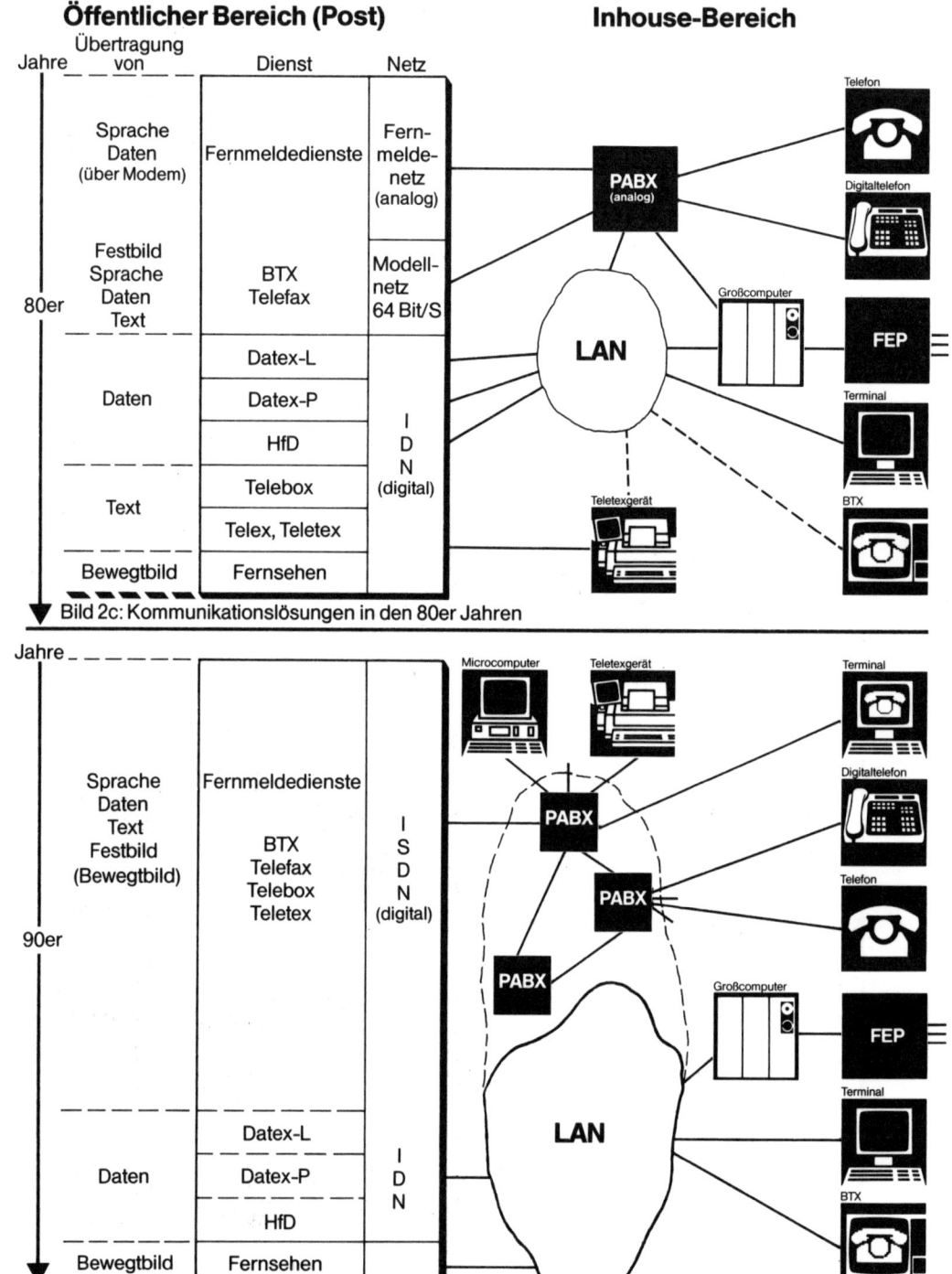

Bild 2c: Kommunikationslösungen in den 80er Jahren

Bild 2d: Kommunikationslösungen in den 90er Jahren

Bild 2: Die Gestaltung privater Kommunikationslösungen unter dem Einfluß der Entwicklungen im öffentlichen Bereich (Post)

14

Daten-, Text- und Videoanwendungen auf ein Trägersystem, zielen allerdings zunächst nicht auf die Integration von Sprache (Bild 2 c).

Für die **90er** Jahre kann im öffentlichen Bereich mit dem flächendeckenden Ausbau des ISDN gerechnet werden und einem entsprechend breitgefächerten Angebot von öffentlichen Kommunikationsdiensten. Die Verteildienste auf Breitbandbasis (Kabelfernsehen) müssen allerdings getrennt davon gesehen werden.

Im Bereich der privaten Netze werden LAN- und PABX-Architekturen zu einem Infrastruktursystem zusammenwachsen, das alle Formen der Information – Daten, Text, Sprache, Fest- und Bewegtbild – überträgt. Bereits für die 4. Generation der PABX-Systeme ist die Auflösung der klassischen Sternstruktur und der Übergang zu dezentralisierten Sternen geplant, die über Hochgeschwindigkeits-Bussysteme gekoppelt sind. **Für diese Entwicklungen dürfen die LAN-Technologien als Voraussetzung angesehen werden.** Mit der Digitalisierung der Nebenstellenanlagen steigt der Schnittstellenpreis zum Digitaltelefon und kommt in die Größenordnung der LAN-Interface-Kosten, so daß die Integration von Sprache auch in LAN-Architekturen wirtschaftlich werden kann. Die Symbiose aus LAN- und PABX-Architekturen dürfte deshalb ab Mitte der 90er Jahre zu einsatzreifen und verfügbaren Systemen führen (Bild 2 d).

Insgesamt sind die Entwicklungen im Bereich der öffentlichen Netze durch ein zunehmendes Angebot dedizierter Dienste für die öffentliche Kommunikation gekennzeichnet. Dienstübergänge sind derzeit schwach entwickelt. Die Bundespost hat erkannt, daß auf der Basis ihrer heute existierenden spezialisierten Netze eine Integration aller Kommunikationsdienste nicht möglich ist und forciert deshalb massiv den Ausbau des ISDN (Integrated Services Digital Network). Im Inhouse-Bereich konkurrieren die Netzlösungen verschiedener (DV-) Hersteller als singuläre Lösungen und schränken die Möglichkeiten systemübergreifender Applikationsgestaltung ein. Private Kommunikationsdienste (z. B. Electronic Mail) sind schwach entwickelt. Die Local Area Networks bieten sich hier als integrierende Alternative an.

2.3 SCHLUSSFOLGERUNGEN

Welche Schlußfolgerungen sind nun aus diesen Entwicklungen zu ziehen?

1. **Nachrichtentechnik und DV-Technik wachsen aufeinander zu.** Die heute in unseren Unternehmen praktizierte organisatorische Trennung zwischen Org/DV und Nachrichtentechnik führt zu Kompetenzstreitigkeiten und kann deshalb auf diese Entwicklung nicht in geeigneter Weise reagieren. Diese Abteilungen könnten in einem Ressort 'Unternehmenskommunikation und DV' aufgehen, das sich aus den Unterabteilungen DV, Bürotechnik, Infrastrukturtechnik, Telekommunikation und Organisation zusammensetzt. Entscheidend ist, daß beim Personal das 'DV-Denken' und das 'Telefon-Denken' abgebaut und eine Zuständigkeit geschaffen wird, die sich für beide bis heute getrennte Bereiche verantwortlich fühlt.

2. **Die Innovationsgeschwindigkeit nimmt zu** und konfrontiert die Unternehmen in immer kürzeren Abständen mit neuen Produkten und Dienstleistungen (z. B. der Post). Es ist deshalb unumgänglich, die Technologie-Entwick-

lungen insoweit zu verstehen, daß man ihre Auswirkungen beurteilen und den Nutzen ihres Einsatzes bewerten kann. Auf der Grundlage dieses Verständnisses sind Planungen zu entwickeln, die mindestens so weit reichen müssen, daß sie über den Lebenszyklus der nächsten Produktgeneration hinausreichen.

3. Nur eine **unternehmensweit entwickelte Kommunikationsinfrastruktur** ermöglicht verbesserte Kommunikation und die effiziente Ausnutzung aller Ressourcen. Die besonders in der BRD verbreitete Auffassung, die Post sei für Kommunikation 'zuständig' und werde deshalb auch die Probleme der unternehmens-internen Kommunikation lösen, ist **schlichtweg falsch.** Die Dienstleistungen der Bundespost sind wie die Produktionslösungen der Hersteller als 'Basiskomponenten' zu verstehen, aus denen der Anwender **seine Kommunikationslösung** zusammensetzen kann.

4. Neben der Schaffung der technischen Voraussetzungen bleibt die **Motivation der Mitarbeiter** zur Nutzung der neuen Technologien der **Schlüssel zum Erfolg.** Aufgrund ihrer dezentralen Strukturen, der Arbeitsplatz- und Benutzernähe bieten moderne Kommunikationslösungen die einmalige Chance, die Mitarbeiter im Unternehmen bereits in die Planungen mit einzubeziehen und dadurch eine positive Grundhaltung zu erzeugen.

Speziell in den Systemen zur Inhouse-Kommunikation (LAN's u. a.) liegt ein vom Fortschritt auf der öffentlichen Seite unabhängiges Innovationspotential für die Gestaltung von Systemlösungen und Anwendungen, das demjenigen Unternehmen einen strategischen Vorteil einräumt, das dieses Potential extensiv zum eigenen Vorteil ausschöpft. Neben den Planungen zum Einsatz bestimmter Technologien müssen die Unternehmen eine Applikationsplanung betreiben, die die Bedürfnisse der Arbeitsprozesse, die es zu unterstützen gilt, auf Technologien abbildet und nicht umgekehrt.

3. GRUNDLAGEN DER LAN-TECHNOLOGIEN

Die Mikroelektronik treibt neben vielschichtigen anderen Entwicklungen auch die Innovation in der Informationstechnik durch **Digitalisierung** voran und fördert damit den Trend zur Integration. Ziel dieser Entwicklung ist, letztlich **alle** Arten der Information – Sprache, Daten, Text und (Bewegt-) Bild – in eine **digitale** Darstellungsform zu überführen. Erst dadurch wird es möglich, dem Benutzer **ein** multifunktionales Gerät zur Verfügung zu stellen, das alle Arten der Information erfassen, darstellen und – mit Einschränkungen – verarbeiten kann.

Die Problematik dieser Zielsetzung besteht darin, daß Endgeräte **und** Übermittlungssysteme nach den gleichen technischen Prinzipien gestaltet werden müssen, da zwischen der Art der Informationserfassung bzw. -darstellung in den Benutzer-Systemen und den dafür notwendigen Übermittlungsnetzen eine enge Beziehung besteht (s. Bild 3). Nach dem Stand der Technik können aber nicht alle Informationsformen – unter dem Aspekt vergleichbarer Wirtschaftlichkeit – in die **gleiche** Informationsdarstellung überführt werden. In den vergangenen Jahren haben sich deshalb folgende Korrelationen zwischen Informationsdarstellung, Benutzersystem- und Übermittlungstechnik entsprechend Tabelle 1 herausdifferenziert:

Informations-form	Informations-darstellung	Technologie Benutzersysteme (Endgeräte)	Anforderungen an Übermittlungs-systeme
Sprache	analog	analog	schmalbandige Analogsignal-Übertragung
Bewegtbild	analog	analog	breitbandige Analogsignal-Übertragung
Daten	digital	digital	schmalbandige
Text	digital	digital	Digitalsignal
Festbild	digital	digital	Übertragung

Tabelle 1: Beziehung zwischen Informationsform, Informationsdarstellung und der technischen Auslegung von Benutzer- und Übermittlungssystemen

Analoge Verfahren haben zu den uns heute vertrauten Systemen wie Telefon und Fernsprechnetz bzw. Rundfunk und (Kabel-) Fernsehen geführt; sie bilden deshalb heute die Grundlage für die Übertragung von Sprache und Bewegtbild.

Digitale Verfahren bilden die Grundlage für Computersysteme und Datennetze (z. B. Telex, Datex); sie werden deshalb für die Verarbeitung und Übermittlung

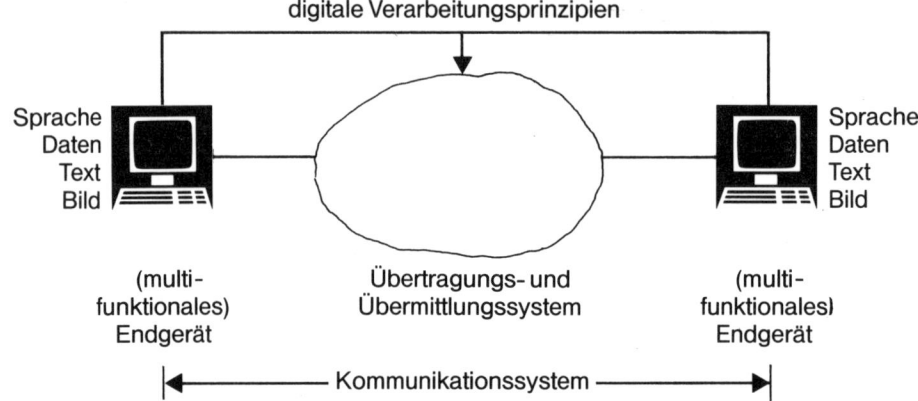

digitale Verarbeitungsprinzipien

Sprache
Daten
Text
Bild

Sprache
Daten
Text
Bild

(multi-
funktionales)
Endgerät

Übertragungs- und
Übermittlungssystem

(multi-
funktionales)
Endgerät

|◄─────── Kommunikationssystem ───────►|

Bild 3: Multifunktional integriertes Kommunikationssystem

von Daten, Text und Festbild verwendet. Im Hinblick auf die Zielsetzung, dem Benutzer **alle** Informationen über **ein** Kommunikationssystem zur Verfügung zu stellen, gibt es daher prinzipiell zwei Ansätze:

Alternative 1:
Incorporation analoger **und** digitaler Übertragungs- und Verarbeitungsprinzipien in ein Kommunikationssystem;

Alternative 2:
Überführung der (heute noch) analog dargestellten Sprach- und Bewegtbild-Informationen in digitale Darstellung und einheitliche Auslegung des Kommunikationssystems für digitale Übertragungs- und Verarbeitungsprinzipien.

Technische Lösungen nach Alternative 1 bieten den Vorteil, daß die heute verbreiteten Endgeräte für die Kommunikation (Telefone, Kameras, Fernseher, Terminals etc.) in ihrer dedizierten Form mit nur geringem Anpassungsaufwand übernommen werden können. Dies führt zu relativ preisgünstigen Lösungen, in denen die verschiedenen Gerätefamilien miteinander koexistieren können; der erreichbare Grad funktionaler Integration bleibt allerdings gering. Will man zum Beispiel (analog dargestellte) Sprache und (digital dargestellten) Text in einem Kommunikationsservice 'Sprach-Anotation' zusammenziehen, würde dies die Koordination analog und digital arbeitender Geräte bedeuten, was erhebliche technische Probleme aufwirft. Obwohl prinzipiell möglich, werden die multifunktional integrierten Systeme der Zukunft nicht im Sinne der Alternative 1 gestaltet sein.

Werden dagegen alle Informationsarten digital dargestellt, lassen sich auf der Basis eines durchgehend digital arbeitenden Kommunikationssystems Dienste, in denen verschiedene Informationsarten 'gemischt' werden, wesentlich leichter realisieren. Die technischen Probleme dürfen jedoch auch bei der Alternative 2 nicht unterschätzt werden. Zudem bleiben analog arbeitende Systeme für Sprache und Video auf absehbare Zeit billiger als vergleichbare digital arbeitende Lösungen.

Im Sinne der Alternative 1 bieten Local Area Networks bereits heute integrierende Lösungen; Alternative 2 bleibt dagegen Zielsetzung für die Systementwicklungen in den 90er Jahren.

3.1 ANALOGE UND DIGITALE INFORMATIONSÜBERTRAGUNG

Bei **analogen Übertragungsverfahren** wird ein Träger (Spannung, Strom, Frequenz) im Rhythmus der zu übertragenden Information (z. B. durch Sprache) verändert, d. h., die variable Amplitude folgt dem Verlauf des Nutzsignals. Der Empfänger trennt den Träger vom Nutzsignal und macht dieses z. B. hörbar.

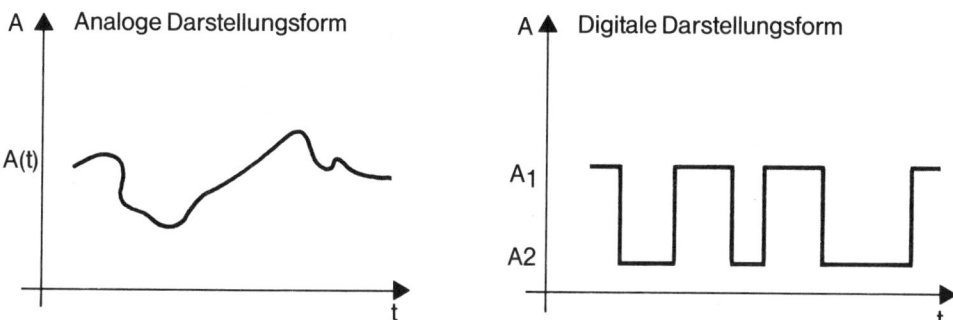

Bild 4: Analoge und digitale Informationsdarstellung

Ein Übermittlungssystem für analoge Signale darf die Veränderung des Trägers durch die Informationsquelle nicht verfälschen; dies würde sich als Verzerrung bzw. Störung, in jedem Fall aber als Informationsverlust bemerkbar machen. Außerdem muß die Signallaufzeit für alle Anteile des Analogsignals konstant sein, Abweichungen hiervon würden ebenfalls zu Verzerrung und Informationsverlust führen.

Analoge Verfahren sind im allgemeinen **technisch einfacher,** führen also zu billigeren Systemlösungen. Ihr Nachteil ist die – im Prinzip begründete – **höhere Störungsempfindlichkeit.** Bis heute beruht z. B. die Rundfunk- und Fernsehtechnik fast ausschließlich auf Analogtechnik.

Digitale Verfahren arbeiten mit konstantem Amplituden-Unterschied und fester Pulsform (z. B. Rechteck), die Information ist in der **Pulsfolge** codiert. Der Empfänger dekodiert aus dieser Impulsfolge die Nachricht, muß dazu allerdings den Code des Senders 'kennen'. Da die meisten Informationen, die der Mensch wahrnimmt, analogen Charakters sind, erfordert die Digitaltechnik sogenannte Analog-/Digitalwandler bzw. Digital-/Analogwandler für die Umwandlung der Informationsdarstellung in der entsprechenden Richtung.

Ein Übermittlungssystem für digital codierte Informationen darf die zu übertragenden Impulse nicht soweit verfälschen, daß sie für den Empfänger bzw. eine Zwischenstation nicht mehr erkennbar sind. Im Vergleich zur Analogsignalübertragung sind die Anforderungen aber deutlich schwächer; zudem können die Impulse durch digitale Zwischenverstärker beliebig oft 'regeneriert' werden (Bild 5).

Diese Möglichkeit der **Signalregeneration** bietet die Analogtechnik nicht; sie stellt eine der Vorzüge der Digitaltechnik dar. Digitale Verfahren sind – aufgrund der benötigten Signalwandlung für analoge Signalquellen – **technisch aufwendiger,** führen also zu teureren Systemlösungen, die nur durch Massen-

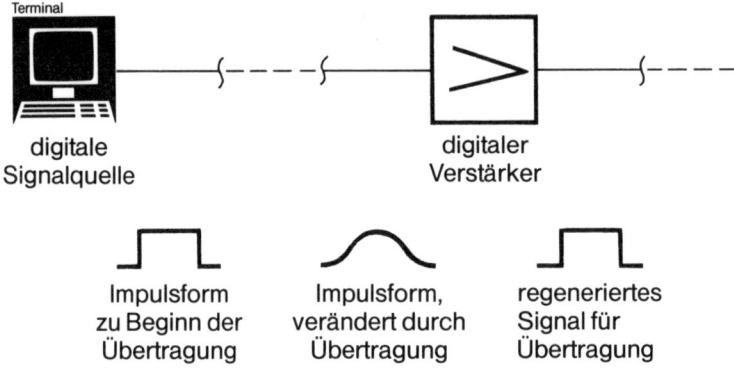

Terminal

digitale
Signalquelle

digitaler
Verstärker

Impulsform
zu Beginn der
Übertragung

Impulsform,
verändert durch
Übertragung

regeneriertes
Signal für
Übertragung

Bild 5: Regeneration 'verschliffener' Digital-Impulse

fabrikation verbilligt werden können. Ihr Vorteil gegenüber der Analogtechnik liegt aber in der – wiederum im Prinzip begründeten – **höheren Störungs-unempfindlichkeit,** im niedrigeren Energieverbrauch und in der Möglichkeit, **das Systemverhalten durch Software (Programme) zu steuern.** Deshalb kann z. B. ein Computer durch verschiedene Programme (Software) verschiedene Aufgaben ausführen, obwohl die gleiche Schaltungstechnik (Hardware) zugrunde liegt.

Ein weiterer Vorteil besteht darin, daß von einer Informationsquelle, deren Nachrichten digital codiert werden, in der gleichen Art der Codierung auch die **Adresse des Empfängers und des Absenders** übertragen werden kann. Zu diesem Zweck wird ein sogenannter **Nachrichtenframe** definiert, dessen prinzipieller Aufbau in Bild 6 erläutert ist.

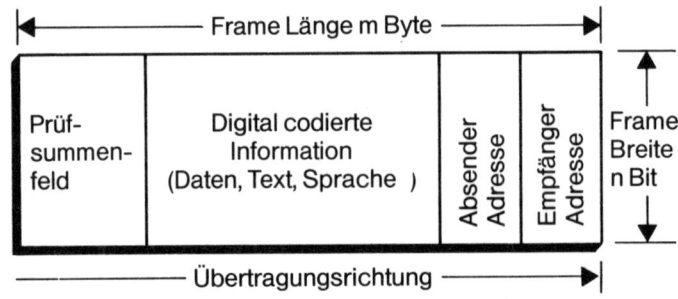

Bild: 6 Prinzipieller Aufbau einer digital codierten Nachricht

So wie ein Brief in einem Umschlag mit Empfänger- und Absenderadresse versehen ist, wird das Nutzdatenfeld von Adress- und Kontrollinformationen umrahmt. In Übertragungsrichtung wird zunächst die Empfängeradresse übertragen, so daß aktive Kommunikationskomponenten in einem Übertragungssystem – die natürlich ihre eigene Adresse kennen – vergleichen können, ob die Nachricht an sie adressiert ist oder nicht. Stimmen Empfängeradresse und eigene Adresse überein, wird der gesamte Nachrichtenframe übernommen und die Nutzinformationen können umgesetzt werden. Da die Absenderadresse mit übertragen wurde, weiß der Empfänger, woher die Informationen stammen. Neben der Kenntnis der Codierung muß zwischen Sender und Empfänger auch eine Vereinbarung über den Aufbau des Nachrichtenframes existieren. Das Prüfsummenfeld repräsentiert eine Kontrollziffer, die der Sender aus Adress- und Datenfeld berechnet und mit überträgt. Der Empfänger berechnet seinerseits diese Kontrollziffer aus den empfangenen Adress- und Nutzdaten. Stimmen vom Empfänger berechnete und empfangene Kontrollziffer überein, wird die Nachricht als 'richtig empfangen' interpretiert.

Local Area Networks lassen sich nach diesen Möglichkeiten zur Informationsübertragung in Basis- und Breitbandsysteme klassifizieren:

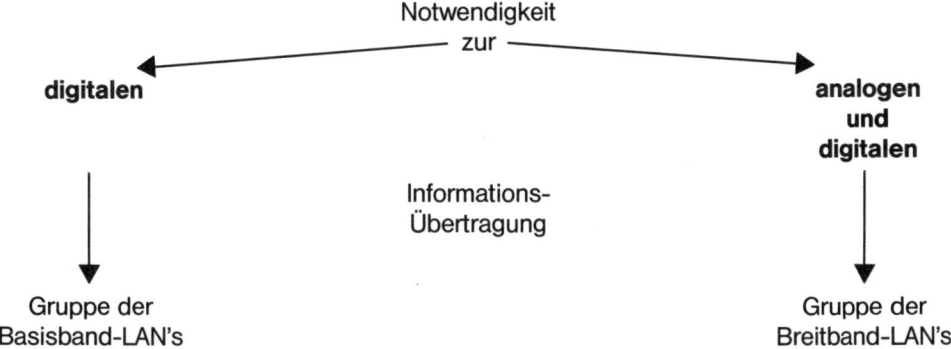

3.2 LEITUNGS- UND PAKETVERMITTLUNG

Historisch hat sich für die Vermittlung und Übertragung **analog** dargestellter Information ein Netztyp herausdifferenziert, der am besten durch den Begriff **'Leitungsvermittlung'** charakterisiert werden kann.

Hierbei wird zwischen die Kommunikationspartner eine physikalisch durchgehende Verbindung entsprechend Bild 7 geschaltet.

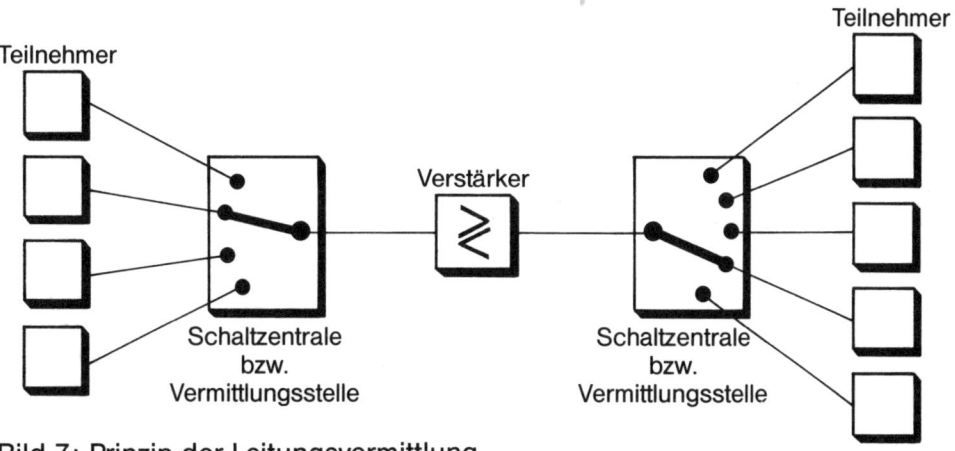

Bild 7: Prinzip der Leitungsvermittlung

Aufgrund der zentralen Schaltfunktionen resultieren daraus Netze in Stern-struktur (vergl. Kapitel 4.1.3) zwischen Teilnehmerstationen und Schaltzentra-le. Nach dem Aufbau der Verbindung ist **beiden** Kommunikationspartnern **eine Leitung** 'exklusiv' zur Verfügung gestellt und zwar unabhängig

● vom Nutzungsgrad während der Verbindung und

● von den Regeln, nach denen die Information untereinander ausgetauscht wird.

Im **Prinzip** können solche Netze analog und/oder digital dargestellte Informa-tionen übertragen. **Realisierte** Netze lassen aber aufgrund bestimmter system-technischer Randbedingungen nur die eine **oder** die andere Übertragungs-form zu (z. B. das Fernmeldenetz heute: analoge Übertragung).

Durch Anpassungseinrichtungen außerhalb der Netze (Modems) ist es aber dennoch möglich, über z. B. für Analogsignal-Übertragung ausgelegte Netze digitale Informationen zu übertragen.

Ohne zusätzliche technische Maßnahmen entsteht bei analoger Signalüber-tragung **ein Kommunikations-Kanal je geschalteter Leitung;** meist bedeutet dies eine sehr schlechte Ausnutzung der verfügbaren Übertragungskapazität (Bandbreite) der betreffenden Leitung. Durch Modulationstechniken bzw. Trä-gerverfahren oder Anwendung digitaler Verfahren auf den Leitungen kann die-se Zuordnung aufgehoben werden (vgl. Tabelle 2).

Paketvermittelnde Netze basieren auf der bereits diskutierten **digitalen** Infor-mationsdarstellung und dem Transport der Information durch **Nachrichten-frames** (vgl. Bild 6) – auch als (Software-) Pakete bezeichnet. Im Gegensatz zu den leitungsvermittelnden Netzen sind **alle** Teilnehmer im physikalischen Sin-ne **ständig** miteinander verbunden (Bild 8).

Die sendewilligen Kommunikationspartner A und B 'paketieren' ihre Informa-tion in Nachrichtenframes und schicken diese in das Netz. Als 'Schaltzentrale' arbeiten sogenannte Vermittlungsrechner, die die Adressierung der Nachrich-

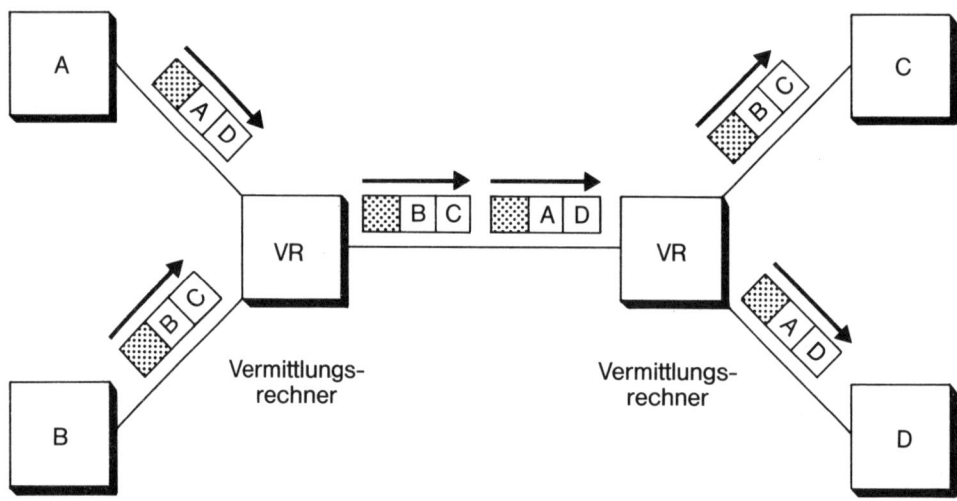

Bild 8: Prinzip der Paketvermittlung

tenframes interpretieren und die Pakete in die entsprechende Richtung weiter-
leiten. Anders als bei leitungsvermittelten Netzen entsteht die 'Verbindung' nur
durch die positive Quittierung des Empfängers bzw. durch 'Kontroll'-Pakete,
die zwischen Sender und Empfänger ausgetauscht werden. Man bezeichnet
solche Verbindungen deshalb als 'virtuell'; sie

● teilen sich die Übertragungskapazität der Leitung mit anderen Verbindungen und

● entstehen nach einheitlichen, für alle Teilnehmer des Netzes verbindlich
  vorgeschriebenen Regeln.

Die in Bild 8 angenommenen Vermittlungsrechner können auch dezentralisiert
werden und Bestandteil der Benutzersysteme A – D sein. Dann läßt sich eine
andere Topologie entsprechend Bild 9 erzielen.

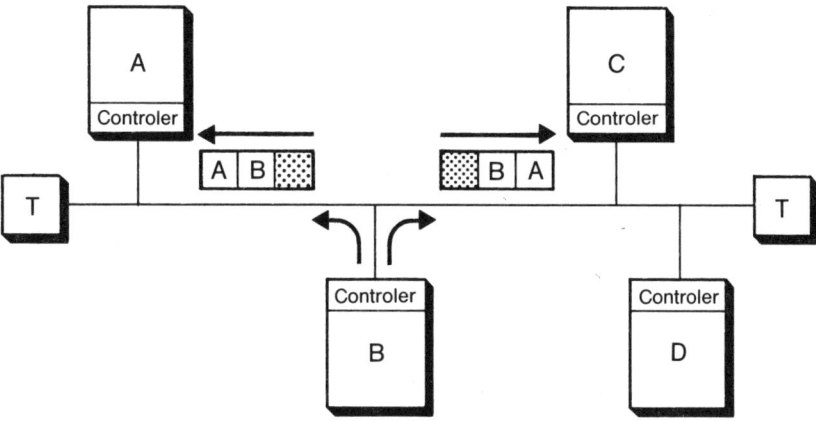

Bild 9: Prinzip der Paketvermittlung auf Bus-Topologien

In diesem Fall kontrollieren die 'intelligenten' Benutzersysteme selbst, ob auf
dem Verbindungsmedium ('Bus' – ausgeführt z. B. in Koaxialtechnik) ein Paket
mit ihrer Adresse existiert. 'Sieht' eine Station ein Paket mit der eigenen Adresse, kopiert sie sich den Inhalt, bevor es in den 'Terminatoren' (T) vernichtet wird.

Paketvermittlungstechnik ist also nicht auf eine Topologie festgelegt (vgl. Kap.
4.1.3). Sie basiert grundsätzlich auf digitaler Informationsdarstellung und der
Nutzung der Nachrichtenframes entsprechendes Bild 6. Je **'verbindende Leitung'** können **n**, d. h. **beliebig viele Kommunikationskanäle** realisiert werden.
Bei geringen Informationsmengen und vielen Teilnehmern nutzt die Paketüber-
tragung die Kapazität einer Leitung im allgemeinen gut aus. Die in den Paketen
digital codierte Information kann beliebiger – auch realzeit-orientierter – Natur
(Sprache, Bewegtbild) sein.

Aus Sicht des Anwenders soll ein Kommunikationsnetz prinzipiell die Informationen in der **angebotenen Form** vermitteln und übertragen können. Wandelt
sich diese Form z. B. durch Fortschritt in der Endgeräte-Entwicklung (z. B.
Übergang Analog – Digital-Telefon) oder dadurch, daß der Anwender **zusätzliche** Informationen übertragen möchte (z. B. Video), müssen in der Technologie

der Kommunikationsnetze entsprechende Entwicklungen nachvollzogen werden.

Trotz der verwirrenden Vielfalt lassen sich die Konzeptionen existierender Netze im öffentlichen und privaten Bereich auf die diskutierten Prinzipien zurückführen, wie Tabelle 2 zeigt.

Kategorie	I	II	III
Verbindung zwischen den Teilnehmern	durch geschaltete Leitung	durch geschaltete Leitung/Kanal	durch virtuelle Verbindung
Vermittlungstechnik	Leitungsschaltung (elektro-mechanisch	Kanal- u. Leitungs-schaltung (soft-waregesteuert)	Paketvermittelt (softwaregesteuert)
Kommunikations-kanäle/Teilnehmer-Anschlußleitung	1	> 1 (3 : ISDN)	n
Beispiele realisierter Netze	analoges Fernmeldenetz	zukünftiges digitales Fernmeldenetz	Datex-P-Netz, **Local Area Networks**

Tabelle 2: Diversifikation leitungs- und paketvermittelnder Netze

Netztyp I wird am besten durch das bestehende analoge Fernmeldenetz repräsentiert. Wie in Bild 7 angedeutet, sind alle Teilnehmer über Anschlußleitungen mit einer Vermittlungsstelle verbunden. Diese stellen nach Bedarf eine **physikalische** Verbindung zwischen zwei Teilnehmern her. Charakteristisch für Typ I ist also die **vermittelte, durchgeschaltete Leitung** und das Verhältnis von **einem Kommunikationskanal zu einer Anschlußleitung.**

Netztyp III wird durch das heute existierende Datex-P-Netz und die Local Area Networks repräsentiert. Im Gegensatz zu Typ I sind **alle** Teilnehmer – im physikalischen Sinne – **ständig** miteinander gekoppelt. Die Verbindungen zwischen den Teilnehmern sind software-gesteuert und entstehen durch Austausch entsprechender Nachrichtenframes untereinander (wie bereits erläutert). Sie haben deshalb **virtuellen** Charakter. Netztyp III ist also dadurch gekennzeichnet, daß über **eine 'Leitung' viele Verbindungen 'gleichzeitig'**, d. h., durch Ineinanderschachteln entsprechender Nachrichtenframes, existieren können.

Netztyp II liegt in seiner Gestaltungsweise zwischen beiden. Obwohl es sich hierbei im Prinzip auch um Leitungsvermittlung handelt, wird die Leitungsschaltung und physikalische Verbindung zwischen den Teilnehmern durch Softwaresteuerung vorgenommen. Dadurch wird es möglich, **mehr als einen Kommunikations-Kanal** über die geschaltete Leitung aufzubauen; auch die Leitung selbst wird z. T. durch digitale Schaltungstechnik nachgebildet. Genau genommen besteht bei diesem Netztyp eine Mischung aus leitungsvermittelter und virtueller Charakteristik; sie bildet die Grundlage für die Gestaltung des ISDN.

Durch Digitalisierung der Information und entsprechende Auslegung der Vermittlungs- und Übertragungstechnik wird die Übereinstimmung zwischen der Anzahl der Leitungen und der Anzahl der Verbindungen grundsätzlich aufgehoben. Die Local Area Networks bieten unter Ausnutzung der Paketvermittlungs- und Übertragungstechnik 'hochintelligente' Verbindungen, da der Nachrichtenframe innerhalb der Verbindung interpretiert werden kann. Die Breitband-LAN's integrieren Leitungs- und Paketvermittlungscharakteristik in einem (Träger-) System.

3.3 BASIS- UND BREITBANDVERFAHREN

Zur Übertragung digitalisierter Informationen über ein Trägermedium (z. B. Koaxialkabel) verwenden Local Area Networks zwei Verfahren, die die zur Verfügung stehende Übertragungskapazität des Trägermediums unterschiedlich nutzen.

Bei den **Basisbandverfahren** werden die digital codierten Impulse direkt, d. h. ohne jede Modifikation auf das Trägermedium gekoppelt.

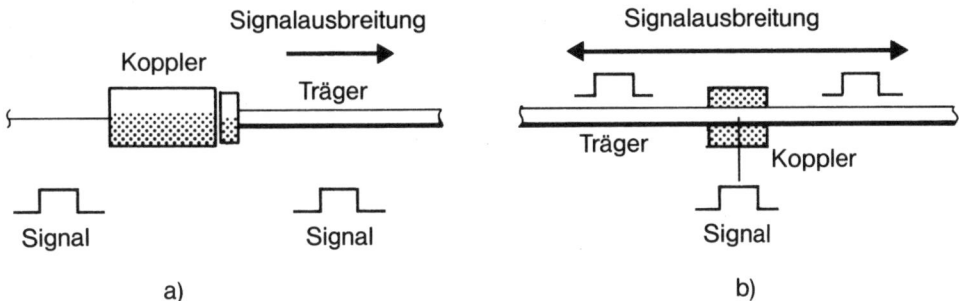

Bild 10: Signaleinkopplung und -ausbreitung im Basisbandverfahren

Die eingekoppelten digitalen Impulse breiten sich entlang des Trägers aus, bis sie auf einen Auskoppelpunkt treffen. Die Auskoppelpunkte dürfen keine Reflexionen erzeugen, damit es nicht zu rücklaufenden Impulsen kommt. Die Überlagerung von hin- und rücklaufendem Impuls würde das Signal verfälschen und zu Informationsverlust führen. Solche Anordnungen werden technisch in der Kombination **elektrischer Treiber/Kupfer-Koaxialkabel** (Bild 10 b) oder **photoelektrischer Treiber/Glasfaser** (Bild 10 a) ausgeführt.

Durch die heutige Realisierung der Basisbandverfahren wird aber nur ein Bruchteil der verfügbaren Übertragungskapazität eines Trägers genutzt.

Bild 11 zeigt, daß der genutzte Teil der **verfügbaren** Bandbreite kaum 20 % erreicht und zwar sowohl beim Kupfer-Koaxialkabel als auch bei Glasfaser. Eine bessere Ausnutzung kann nur durch Erhöhung der Übertragungsrate (Bit/s) erzielt werden; jedoch steigen die Kosten für Koppler höherer Geschwindigkeit überproportional.

Dennoch gibt es gute Gründe für die Verwendung der Basisbandverfahren: sie sind relativ billig und in ihrer Funktion unproblematisch.

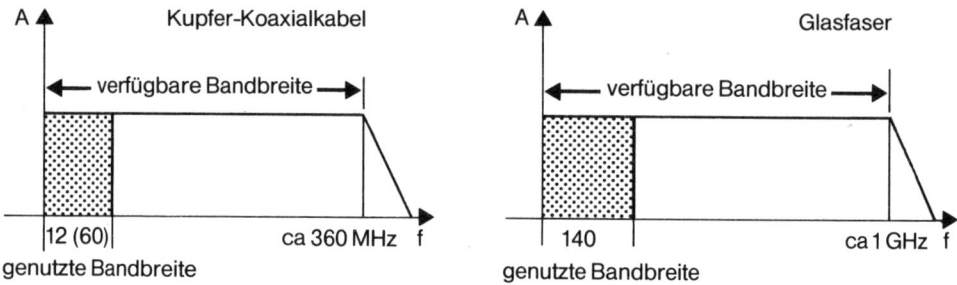

Bild 11: Verfügbare und genutzte Bandbreite beim Basisbandverfahren

Breitbandverfahren nutzen dagegen die verfügbare Bandbreite eines Träger-mediums besser aus. Sie verwenden zur Herstellung vieler Übertragungskanä-le die Trägerfrequenztechnik in der gleichen Art wie Rundfunk und Fernsehen. Die Abstrahlung wird in ein reflexionsfrei abgeschlossenes Koaxialkabel vor-genommen, das elektrisch einen ähnlich homogenen Raum darstellt wie ihn eine Antenne 'sieht', die in den Luftraum abstrahlt.

Wie Bild 12 zeigt, wird es durch die Trägerfrequenztechnik möglich, innerhalb der verfügbaren Bandbreite eines Trägermediums n Kanäle verschiedener Bandbreite bzw. Übertragungskapazität festzulegen, die auch unidirektional, d. h. zur Verteilung von Information benutzt werden können.

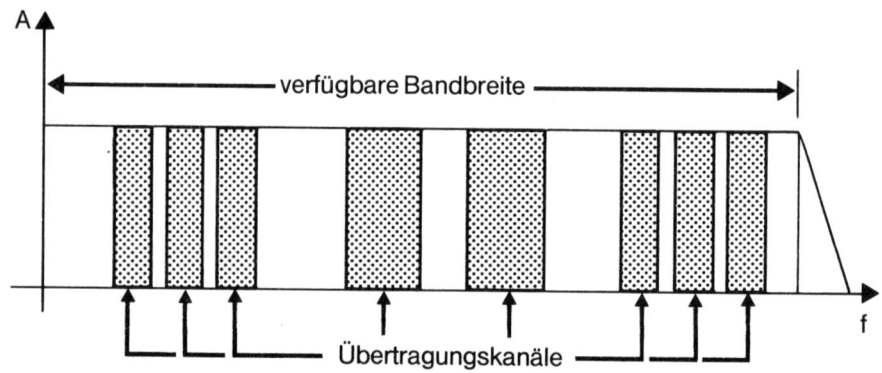

Bild 12: Ausnutzung der verfügbaren Bandbreite für mehrere
Übertragungskanäle beim Breitbandverfahren

Zur Vermeidung von Störungen muß zwischen benachbarten Kanälen ein ge-wisser Sicherheitsabstand eingehalten werden.

Jeder dieser Kanäle kann dabei wie eine separate Leitung angesehen und indi-viduell für die Übertragung analog oder digital codierter Information genutzt werden. Durch Überlagerung paketorientierter LAN-Zugriffsverfahren können in jedem dieser Kanäle m Verbindungen bereitgestellt werden. Alle Stationen, deren Sender/Empfänger auf die Frequenzlage eines Kanals abgestimmt und die entsprechend adressiert sind, können grundsätzlich Informationen mitein-ander austauschen. In Bild 13 also die Stationen A1 mit A2 und B1 mit B2.

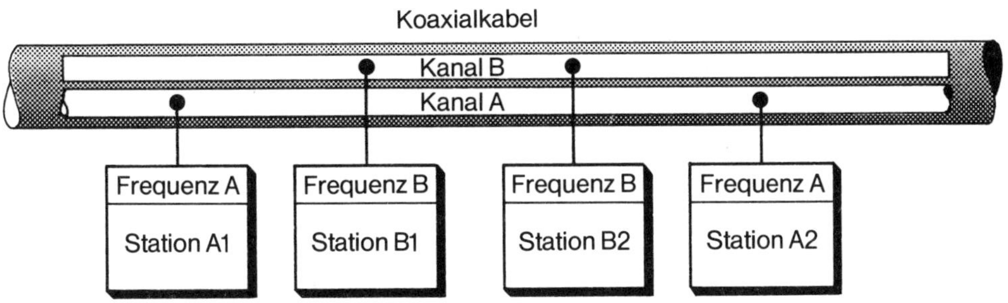

Koaxialkabel

| Kanal B |
| Kanal A |

| Frequenz A | Frequenz B | Frequenz B | Frequenz A |
| Station A1 | Station B1 | Station B2 | Station A2 |

Bild 13: Wirkungsweise zweier Kanäle in einem Breitbandsystem

Die Breitbandverfahren gewährleisten die Integration analoger und digitaler Informationen auf einem Übertragungsmedium und sind daher prinzipiell geeignet, alle Formen der Information – Sprache, Daten, Text und (Bewegt-) Bild – zu übertragen. Die Existenz eines verbindenden Kanals läßt dabei völlig offen, nach welchem Verfahren die Stationen Informationen miteinander austauschen.

27

4. LOCAL AREA NETWORKS – KONZEPTIONEN UND TECHNISCHE REALISIERUNGEN

Die sinngemäße deutsche Übersetzung darf nicht 'Lokale (Computer)Netze' heißen (der von den DV-Netzen abweichende Charakter würde so nicht deutlich werden), sondern sollte wie folgt formuliert werden:

Ein 'Local Area Network' ist ein eigenständiges technisches System zur Verknüpfung voneinander unabhängiger Computer, Terminals, Arbeitsplatzsysteme, usw. mit dem Ziel, zwischen diesen wahlfreie, bedarfsorientierte Verbindungen zum Zwecke der Kommunikation zu schaffen. Die Ausdehung eines solchen Netzes ist auf den privaten Bereich des Anwenders beschränkt.

Die Idee der Local Area Networks geht also von folgenden Grundgedanken aus:

a) der Verbindung **von einander unabhängigen** Systemen, dies bedeutet insbesondere die Verknüpfung von Produkten unterschiedlicher Hersteller und führt damit zur Problematik der **offenen** Systemarchitekturen

b) der Herbeiführung der **Kommunikation** zwischen unterschiedlichen Systemen, dies bedeutet insbesondere die Bereitstellung von **Konvertierungsfunktionen** zur Überwindung der Inkompatibilitäten

c) der **Integration** der verschiedenen, durch die Systeme des Anwenders verwendeten **Kommunikationsformen in ein Kommunikationsnetz.**

Es sei an dieser Stelle angemerkt, daß der Begriff 'Kommunikation' im deutschen anders verstanden wird als der Begriff 'Communication' im anglo-amerikanischen. Während im deutschen der Sinngehalt etwa **'Austausch und Verstehen von Informationen'** bedeutet, liegt das Verständnis im anglo-amerikanischen Sprachraum mehr bei **'Verbindungen schaffen zum Zwecke des Informationsaustausches'.**

Um die Philosophie der LAN's richtig zu ermessen, ist es ferner von Bedeutung, daß der Ursprung dieser Ideen von der Computer-Technik und nicht von der Nachrichtentechnik ausgegangen ist. Noch heute reagieren deshalb Nachrichtentechniker mit Unverständnis und z. T. unverhohlener Ablehnung auf die Technologie der Local Area Networks, da diese beginnen, in eine Domäne einzugreifen, die seit Jahrzehnten von der Nachrichtentechnik in Anspruch genommen wird: Verbindungen zu schaffen und Nachrichten zu übermitteln. Diese Ablehnungshaltung wird sich aber in dem Maße abbauen, indem sich die Erkenntnis durchsetzt, daß die LAN-Technologien von heute die Grundlage für die Entwicklung der verteilten Nebenstellenanlagen von morgen bilden. Bereits heute ist das Zusammenwachsen beider Philosophien (LAN und PABX) zu erkennen: die digitalisierte Informationsübertragung wird in den 90er Jahren zu Systementwicklungen führen, die gleichermaßen für die Vermittlung und Übertragung von **Sprache, Daten, Text und (Bewegt-)Bild** geeignet sind und die eine klassische Zuordnung zur Nachrichten- oder DV-Technik nicht mehr zulassen.

4.1 LAN-TECHNOLOGIEN

Übertragungsmedien, Zugriffsverfahren und **Topologien** bestimmen in ihrer Kombination und durch die Ausführung in **Basis- oder Breitbandtechnik,** welcher **Grad der Integration** für die Übertragung unterschiedlicher Informationsformen in einem LAN erreicht werden kann. Sie legen damit die charakteristischen Eigenschaften eines LAN's fest und werden deshalb im engeren Sinne als 'LAN-Technologien' bezeichnet. Alle darüberhinausgehenden Systemeigenschaften werden durch traditionelle Mikrocomputertechnik und entsprechende Softwareentwicklungen erreicht.

Jede System-Realisierung setzt sich aus den Gestaltungsbereichen nach Bild 14 zusammen:

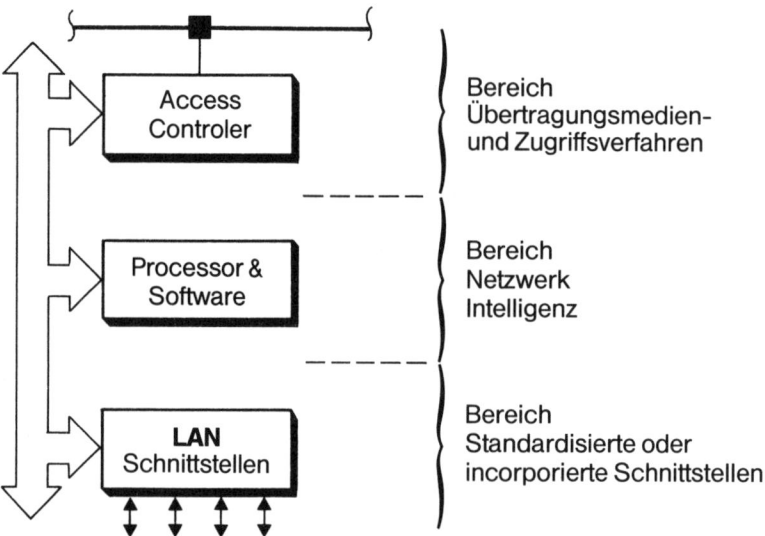

Bild 14: Prinzipielle LAN-Systemarchitektur

Der Bereich **Übertragungsmedien und Zugriffsverfahren** bestimmt die 'Physik' des LAN-Systems und dessen **grundlegende Struktur.** Dazu gehören Topologie, Geschwindigkeit, Kapazität, statistische oder deterministische Orientierung, Betriebssicherheitsaspekte, Teilnehmerzahlen, Ausdehnung usw.

Der Bereich **Netzwerk-Intelligenz** umfaßt die Mächtigkeit der aktiven Komponenten eines LAN's im Sinne von Prozessor-Leistung und Geschwindigkeit, Speicherausbau – also die gesamte zugrunde liegende Hardware-Architektur mit der dazu gehörigen Netzwerk-Software – einschließlich des Betriebssystems zur Steuerung und Sicherung der Verbindungsfunktionen und zusätzlicher Software-Komponenten für Administration und Überwachung. Existierende Systeme unterscheiden sich besonders stark in diesen letztgenannten, für den **Anwender** wichtigen Funktionen. Die so gestaltete 'Netzwerkintelligenz' bestimmt wesentlich das **Betriebsverhalten** eines LAN's hinsichtlich Lastverhalten, Durchsatz, Komplexität des Netzausbaus, Betriebssicherheit, Administrationsaufwand usw.

30

Der Bereich **LAN-Schnittstellen** umfaßt die Ausführungsformen realisierter Systeme und den Zugang des Anwenders zum LAN. Grundsätzlich muß hier zwischen Ausführungsformen mit **standardisierten Schnittstellen und korrespondierenden Software-Services** einerseits **und** Schnittstellen **zur Inkorporation** andererseits unterschieden werden. Dieser Gestaltungsbereich bestimmt, welche Systemdiversifikation vorliegt und für welche Einsatzumgebung und Anwendungen das betreffende Local Area Network geeignet ist.

4.1.1 ÜBERTRAGUNGSMEDIEN

Heute existierende LAN-Systeme verwenden folgende Kabel als Übertragungsmedien:

	Kupferkabel verdrillt	Kupfer-Koaxialkabel	Glasfaserkabel
Preis pro Meter/DM, bezogen auf 1000 m	–,65	~ 1,30	~ 6,50
max. Übertragungskapazität	ca. 10 MBit/s	ca. 400 MBit/s	> 1000 MBit/s
Handhabung	leicht	sorgfältige Verlegung erforderlich	sorgfältige Verlegung erforderlich
Störungsempfindlichkeit	hoch	gering	praktisch keine
Signal-Ein- und Auskopplung	induktiv und galvanisch	galvanisch	optisch

Tabelle 3: Übertragungsmedien in LAN-Systemen

Verdrilltes Kupferkabel ist das preiswerteste und am weitesten verbreitete Übertragungsmedium in der Nachrichtentechnik (z. B. im Telefon-Netz). Meist wird es im niederfrequenten Bereich verwendet. Durch heute mögliche Übertragungsverfahren erreicht man Übertragungsraten bis ca. 10 MBit/s. Es läßt sich sehr leicht verlegen und wird zum Zwecke der geringeren Signalabstrahlung bzw. Störstrahlungseinkopplung verdrillt. Das übertragene Signal kann auch induktiv, d. h. ohne galvanische Kopplung 'abgenommen' werden; unter Datenschutz-Aspekten ist es daher als 'nicht sicher' einzustufen.

Kupfer-Koaxialkabel werden ko-axial aufgebaut, d. h., der Außenleiter wird konzentrisch um den Innenleiter geführt. Die Summe des elektrischen Feldes von Innen- und Außenleiter addiert sich außerhalb des Außenleiters zu Null, daher gelten Koaxialkabel als besonders HF-Abstrahlungs- und Störstrahlungssicher. Sie werden deshalb besonders im Antennenbau verwendet. Koaxialkabel bieten eine deutlich höhere Übertragungskapazität (bis ca. 360 MBit/s) und eine geringere Dämpfung als das verdrillte Kupferkabel. Die Verlegung muß in jedem Fall sehr sorgfältig erfolgen, da z. B. durch starkes Knicken die Geometrie des Kabels verletzt werden kann und infolgedessen Signalreflexionen auftreten können. Die Signalauskopplung kann nur durch galvanischen Kontakt mit dem Innenleiter erfolgen. Koaxialkabel gelten daher als bedingt abhörsicher.

Der Vorteil des **Glasfaserkabels** liegt in der nahezu vollständigen Stör- und Abhörsicherheit verbunden mit einer sehr großen Übertragungskapazität von mehr als 1 GBit/s (10^{10} Bit/s). Obwohl Glasfaserkabel noch Gegenstand der Forschung sind, gibt es bereits einsatzreife Versionen und die Massenproduktion wird derzeit auch in der BRD vorbereitet. Damit dürfte auch der Preis sinken und in Zukunft das Niveau des Koaxialkabels erreichen. In jedem Fall wird beim Einsatz von Glasfasern als Übertragungsmedium an allen Signalein- und Auskoppelstellen eine optisch-/elektrische Signalwandlung erforderlich, die zu zusätzlichen Kosten führt.

4.1.2 ZUGRIFFSVERFAHREN

Im Unterschied zu Telefonnebenstellenanlagen heutiger Generation, bei denen Verbindungen nur dann existieren, wenn Leitungen galvanisch durchgeschaltet werden, sind die Teilnehmerstationen bei den LAN-Systemen ständig mit dem Übertragungsmedium **physikalisch** verbunden: die jeweiligen Verbindungen zwischen den Teilnehmern werden durch Software gesteuert und entstehen nach dem Prinzip der Paketvermittlung. Prinzipiell **konkurrieren also die LAN-Teilnehmer um die Belegung des Übertragungsmediums.** Diese Konkurrenzsituation wird durch die sogenannten **Zugriffsverfahren ('LAN Access Methods')** geregelt.

Man unterscheidet dabei zwischen kollisionsfreien und kollisionsbehafteten bzw. deterministischen und statistisch-orientierten Verfahren. Weltweit sind in verschiedenen Groß-Forschungslaboratorien der Industrie und an Universitäten unterschiedliche Verfahren entwickelt worden, von denen zwei durch kommerzielle Stützung marktrelevante Bedeutung erlangt haben: – **CSMA/CD (kollisionsbehaftet)** – und **Token-Verfahren (kollisionsfrei)** (vgl. Tabelle 4).

Das **Carrier Sense Multiple Access-Verfahren (CSMA)** gibt es in verschiedenen Modifikationen (CSMA, CSMA/CA, CSMA/CD), von denen die bekannteste und kommerziell bedeutendste Version das **CSMA/CD**-Verfahren ist; bekannt geworden in Verbindung mit dem Namen **'Ethernet',** einer 'joint venture'-Entwicklung der Firmen Xerox, DEC und Intel.

Dieses Verfahren bildet das Verhalten ab, das Menschen zeigen, wenn sie sich in Gruppen unterhalten. In einem solchen Gespräch hören mehrere Partner demjenigen zu, der gerade spricht. Entsteht eine Gesprächspause, kann ein anderer Gesprächsteilnehmer das Wort ergreifen. Beginnen zufällig zwei Partner gleichzeitig ('Kollision'), brechen sie ab und einer der Gesprächspartner kann erneut das Wort ergreifen. Bei den menschlichen Kommunikationsprozessen spielen natürlich neben der Sprache viele andere Kommunikationsfaktoren eine Rolle (Mimik, Gestik, Semantik, u. a.).

Die technische Realisation dieses Verhaltens baut auf zwei Bedingungen auf:

1. allen Teilnehmern steht nur **ein** Kanal zur Verfügung und

2. jeder Teilnehmer kann nur **'senden'** oder **'hören'.**

Jede Station in einem Ethernet-Netzwerk 'hört' also den Kanal ab, ob einer der Teilnehmer sendet **('Carrier Sense').** Wenn der Kanal 'frei' ist, kann sie sofort mit dem Senden beginnen. Dies gilt sinngemäß für alle Stationen, die zu dem Zeitpunkt ein Sendebegehren haben **('Multiple Access').** Beginnt eine Station zu senden, wird dies von allen anderen registriert und demgemäß stellen diese ihr Sendebegehren zurück.

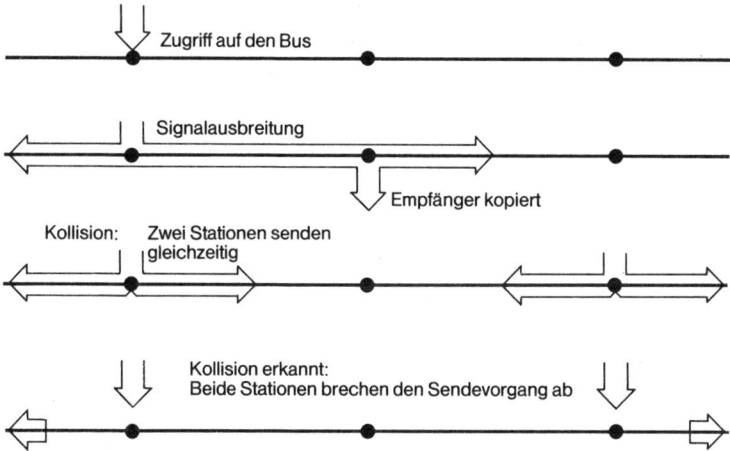

Bild 15: Prinzip des CSMA/CD-Verfahrens

Der Kollisionsfall entsteht, wenn mehrere Teilnehmer 'gleichzeitig' (innerhalb der max. Signallaufzeit durch das Netz) zu senden beginnen. In diesem Fall wird die Kollision durch Vergleich zwischen 'Senden' und 'Hören' erkannt und alle Stationen brechen ihren Sendevorgang ab. Ein bestimmter Mechanismus sorgt dafür, daß nach einem Kollisionsfall jede Station mit unterschiedlicher Verzögerungszeit den Sendeversuch wiederholen kann.

Verbindungen entstehen dadurch, daß jede Station vergleicht, ob die Adresse gesendeter Daten mit der eigenen Adresse übereinstimmt. Ist dies der Fall, 'kopiert' sich die betreffende Station die Daten aus dem Kanal und sendet dem Absender eine entsprechende Quittung zurück ('positive Acknowledgement').

Obwohl dieses Verfahren einfach erscheint, ist die technische Ausführung doch relativ kompliziert und die 'Chip'-Lösung von Ethernet übersteigt die Komplexität leistungsfähiger Mikroprozessoren. Inzwischen sind die technischen Schwierigkeiten aber gelöst und die technischen Implementationen dürfen als zuverlässig eingestuft werden.

Das Ethernet-Verfahren eignet sich für statistisch verteiltes Verkehrsaufkommen mit nicht zu großen Informationsmengen. Es ist ideal für den Einsatz im Büro, obwohl die dort vorherrschende Verkehrscharakteristik zu einem an sich ungünstigen Overhead-/Nutzdatenverhältnis führt. Soweit bekannt, arbeiten Ethernet-Installationen in ihren verschiedenen Variationen zur vollen Zufriedenheit der Anwender.

Deterministische Verfahren regeln im Gegensatz zu 'Ethernet' den Zugriff in vorbestimmter Art und Weise auf das Übertragungsmedium so, daß die Zugriffsverzögerung kalkulierbar und der Zugriff voraussagbar wird. Damit sind diese Verfahren **echtzeit-fähig** und z. B. für Sprachanwendungen oder zeitkritische Steuer- und Regelprozesse verwendbar. In realisierten Systemen werden sich die sogenannten **Token**-Verfahren in ihren verschiedenen Varianten durchsetzen. Unter einem 'Token' stelle man sich einen Briefumschlag vor, der von Teilnehmer zu Teilnehmer gereicht wird. Erhält ein Teilnehmer mit Sendebegehren einen leeren Umschlag, darf er ihn adressieren und mit Daten füllen. Die anderen Teilnehmer reichen den Briefumschlag weiter bis zum Empfänger. Dieser kopiert sich den Inhalt und markiert ihn – als Zeichen, daß er die Nachricht empfangen hat. Der Brief wird weitergereicht, bis er wieder beim Absender angekommen ist. Der Absender nimmt den Brief aus dem Umschlag heraus und ersetzt ihn durch einen leeren Briefumschlag, wenn er erkannt hat, daß der Empfänger die Nachrichten empfangen hat.

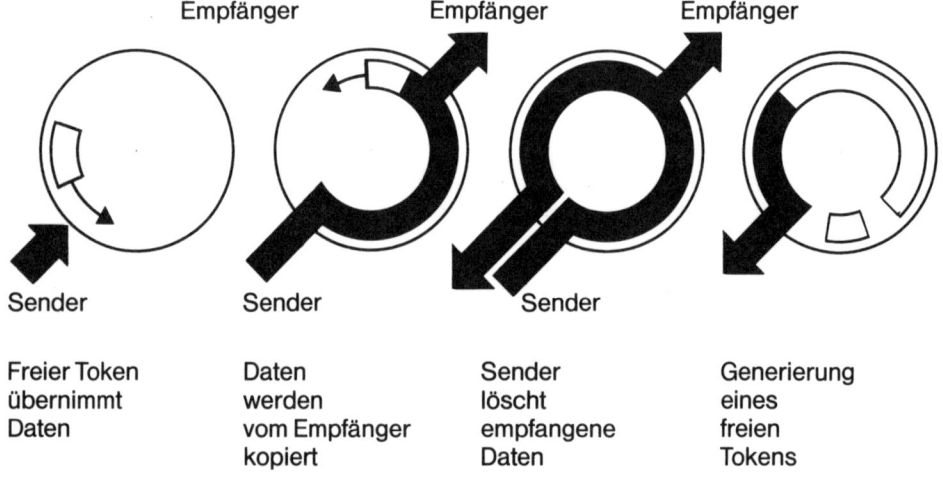

Freier Token übernimmt Daten	Daten werden vom Empfänger kopiert	Sender löscht empfangene Daten	Generierung eines freien Tokens

Bild 16: Prinzip des Token-Verfahrens

Bei dem Token-Verfahren entstehen komplizierte Situationen, wenn z. B. die Adressen verfälscht werden oder der 'Briefumschlag' verloren geht. Sie arbeiten deshalb i. a. mit zentraler Steuerung und Überwachung, was zusätzlich den Vorteil hat, daß die Reihenfolge der Teilnehmer willkürlich bestimmt und damit Prioritäten vergeben werden können. Token-Verfahren sind an sich unabhängig von der physikalischen Topologie eines Netzes, deshalb findet man unterschiedliche Varianten auf dem Markt (s. Tab. 4). Chip-Lösungen liegen z. T. vor, allerdings noch nicht in standardisierter Ausführung. Sie sind von vergleichbarer Komplexität wie die 'Ethernet'-VLSI-Integrationen.

4.1.3 TOPOLOGIEN

Die LAN-Topologien basieren auf **vier Grundformen,** aus denen alle anderen Varianten abgeleitet sind – s. Tabelle 4. Da die verschiedenen Topologien mit den Übertragungsverfahren korreliert sind, können sie nur im Zusammenhang mit den Zugriffsverfahren und Übertragungsmedien betrachtet werden.

Die **Stern-Topologie** wird nur von wenigen LAN-Herstellern angeboten. LAN's in dieser topologischen Struktur benutzen z. T. die bereits liegende Verkabe-

34

lung der Telefon-Nebenstellenanlagen. Daher gibt es sogenannte 'Data over Voice'-Lösungen, die mit Hilfe von Adaptern Daten über das Telefonkabel übertragen. Solche Varianten sind in Deutschland zulassungspflichtig.

Stern-Topologien eignen sich sehr gut für Glasfaser-Lösungen, da es sich zwischen Sternknoten und Teilnehmer um Punkt-zu-Punkt Verbindungen handelt. Der Verkabelungsaufwand ist relativ hoch (aber technisch einfach), da für jeden Teilnehmer ein 'eigenes' Kabel zum Knoten verlegt werden muß (und bei Umzug des Teilnehmers ggfs. neu verlegt werden muß).

Als 'Übertragungsverfahren' verwenden die LAN-Sternnetze meist das sogenannte Time Division Multiplexing (TDM)-Verfahren. Hierbei wird die Übertragungskapazität des Sternknotens für sehr kurze Zeitintervalle den gewünschten Verbindungen zugeordnet und dadurch eine 'Gleichzeitigkeit' erreicht. Vom Betriebsverhalten her wirkt ein solches LAN wie eine sternförmig aufgebaute Telefon-Nebenstellenanlage, allerdings dediziert für Daten- und Textübertragung. Da diese Funktion in Zukunft in gleicher Topologie von den digitalen Nebenstellenanlagen übernommen wird, dürfte solchen LAN-Konzeptionen nur eine geringe Marktchance eingeräumt werden.

Stern-Topologien bergen das Risiko eines Totalausfalls des Sternknotens und damit des gesamten Netzes in sich. Maßnahmen zur Gewährleistung der Betriebssicherheit fordern letztlich die Redundanz aller Systembestandteile und Funktionen im Sternknoten.

Wesentlich bedeutender sind die LAN-Systeme in **Bus-Topologie.** Durch die Aufschaltung aller Teilnehmer auf ein einziges, den privaten Bereich des Anwenders durchlaufendes Kabel, bieten sie nämlich eine Alternative zu der aus der Telefon-Technik stammenden Stern-Verkabelung. Hierfür eignen sich Kupfer-Koaxialkabel besonders gut. Sie bieten genügend Übertragungskapazität (d. h., sie sind 'breitbandig' genug), um die Informationen vieler Teilnehmer 'gleichzeitig' übertragen zu können; außerdem lassen sich die Teilnehmerstationen grundsätzlich für **passiven** Anschluß auslegen. Glasfaserkabel eignen sich in dieser Topologie nur bedingt, da sie nicht passiv 'angezapft' werden können. Eine Verwendung der Glasfaser würde zudem viele aktive Koppelstellen bedeuten; auch müßte der Bus aufgetrennt werden, wenn eine neue Station zugeschaltet werden soll. Diese Probleme gibt es bei der Verwendung von Kupfer-Koaxial-Kabel in Verbindung mit dem CSMA-/CD-Verfahren nicht. Die Bus-Topologie ist daher fester Bestandteil des **Ethernet-Verfahrens.**

Der Verkabelungsaufwand ist als 'besonders niedrig' einzustufen. Neuverkabelungsprobleme beim Umzug eines Teilnehmers gibt es nicht. Im Falle des Ethernet-Verfahrens können Neu-Anschlüsse und Kabel-Verlängerungen im laufenden Betrieb des Netzes vorgenommen werden, ohne daß ein Verlust von Daten eintritt. Bus-orientierte Netze zeigen sich daher sehr betriebs-freundlich. Als sicherheitstechnische Schwachstelle gilt die Singularität des Koaxialkabels. Bei erhöhten Sicherheitsanforderungen muß deshalb das Kabel doppelt ausgeführt und getrennt verlegt werden.

Die **Baumstruktur** hat ihren Ursprung in den Fernsehverteilnetzen und geht deshalb von einem einzigen Punkt, dem sogenannten 'Headend' (der 'Kopfstation') aus. Sie repräsentiert zwar physikalisch eine neue Topologie, wirkt aber logisch durch die verwendeten Zugriffsverfahren wie ein Bus- oder Ringsystem.

	Stern	Bus	Baum	Ring
physikalische Topologie				
verwendete Übertragungsmedien	Zweidraht-Kupfer (Glasfaser)	Kupfer-Koaxial-Kabel (Glasfaser)	Kupfer-Koaxial-Kabel (Glasfaser)	Glasfaser (Zweidraht-Kupfer)
Verkabelungsaufwand	hoch	besonders niedrig	mittel	niedrig
topologisch bedingte Betriebssicherungsmaßnahmen durch	redundante Auslegung des Sternknotens	doppelte passive Busauslegung	doppelte Ausführung der Kopfstation	doppelte Ausführung des Ringes
Korrelierte Übertragungsverfahren	TDM	CSMA/CD (Ethernet)	CSMA/CD Token-Bus	CSMA/CA Token-Ring
Topologie logisch	Stern	Bus	Bus, Ring	Ring
ausgeprägt in LAN-Varianten	Anwendungsorientierung, Basisband	Anwendungs- und Infrastrukturorientierung, Basisband	Infrastruktur-Orientierung, Breitband	Infrastruktur-Orientierung, Basisband

Tabelle 4: Topologien, Übertragungsmedien und Zugriffsverfahren

Baumstrukturen werden fast ausschließlich in Kupfer-Koaxial-Kabeltechnik aufgebaut, obwohl im Prinzip auch Glasfaser verwendet werden könnte. Der Grund liegt in der Konstruktion der Verzweig- und Abzweigelemente, die sämtlich passiv und für Kupfer-Koaxial-Kabeltechnik ausgelegt sind.

In ihrer aktiven Variante bilden Baumstrukturen die sogenannten **Breitband-LAN's,** in denen zwei Funktionen, nämlich Verteilung und Vermittlung in einem Netz zusammenfallen. Die Netzstruktur selbst besteht neben den passiven Elementen aus aktiver Kopfstation und Verstärkern. Der Aufbau eines Breitbandnetzes muß aufgrund sorgfältiger Berechnungen durchgeführt werden. Auslegungskriterium ist ein definiertes Signal-/Rauschverhältnis an den Ankopplungspunkten. Da mit den eingesetzten Verstärkern die Signal-Dämpfung durch das Kabel ausgeglichen werden kann, lassen sich relativ weiträumige Installationen aufbauen. Limitierend wirken letztlich auch hier die Laufzeit-Kenngrößen der verwendeten Zugriffsverfahren.

In Breitband-Netzen kommen sowohl CSMA/XX als auch Token-Zugriffsverfahren zur Anwendung. Sie lassen das Netz logisch – also vom Betriebsverhalten her – wie ein **Bus-** oder **Ringsystem** erscheinen, es ist sogar möglich, in **einem** Netz verschiedene Verfahren zu 'mischen'. Die vielseitige Verwendungsmöglichkeit der Breitbandnetze erfordert erhebliche Aufwendungen, wenn erhöhte Anforderungen an die Betriebssicherheit gestellt werden. Alle aktiven Elemente müssen evtl. doppelt ausgelegt werden, wodurch allerdings eine Störanfälligkeit aus einzelnen Zweigen des Netzes nicht verhindert wird.

Breite Akzeptanz dürften in naher Zukunft die **Ringsysteme** finden, von denen bereits auch eine in Deutschland entwickelte Glasfaser-Variante am Markt ist. Ringsysteme sind in jeder Träger-Variante verhältnismäßig leicht zu verlegen, da sie aus Segmenten zusammengesetzt werden. Dies bedeutet allerdings, daß der Ring zur Erweiterung aufgetrennt und damit außer Betrieb gesetzt werden muß. An den Kopplungsstellen der Ringsegmente sitzen aktive Koppelelemente zur Signalregeneration-/synchronisation, Aus- und Einkopplung.

Ringsysteme eignen sich besonders für Token-Verfahren. Ein Ringsystem ist betriebssicher, solange der Ring unverletzt bleibt und keine der aktiven Stationen ausfällt. Zur Erhöhung der Betriebssicherheit werden die aktiven Ringkoppelemente mit einem Kurzschlußmechanismus versehen und der Ring doppelt ausgeführt. Fällt ein Ringsegment oder eine Koppelstation aus, isolieren die nächstbenachbarten intakten Ringkoppler dieses Segment bzw. diese Station und bilden entweder einen by-pass oder einen neuen Ring.

4.1.4 BASIS- UND BREITBANDTECHNIK

Die technische Umsetzung der Basis- und Breitbandverfahren (vgl. Kap. 3.3) bedingt insbesondere bei den Breitband-Systemen einige Besonderheiten, die im folgenden erläutert werden sollen.

LAN-Systeme in **Basisbandtechnik** zeichnen sich durch einfachen und problemlosen Aufbau aus, der auch von nicht-fachkundigem Personal unter Berücksichtigung der Anleitung des Herstellers vorgenommen werden kann. Der Grund liegt in der Übertragung digitaler Impulse auf den (meist passiven) Segmenten der Ring-, Stern- und Bus-Topologien, die lediglich die Einhaltung bestimmter Maximallängen und Biegeradien (bei Koaxialkabeln) erfordern.

Selbst die Verwendung digitaler Verstärker (sogenannter 'Repeater' z. B. bei Ethernet) wirft keine Probleme auf, soweit die von den Herstellern angegebenen Installationsgrenzwerte nicht überschritten werden.

Ganz anders stellt sich die Situation bei den sogenannten **Breitband-LAN's** dar. Das physikalische Verhalten dieser Netze wird durch die aktive, analoge Trägerfrequenztechnik bestimmt und erfordert eine sorgfältige Berechnung der Längen, Verstärkungen und Dämpfungen bei der Netzauslegung. Auslegungskriterium ist ein definiertes Nutzsignal-/Rauschverhältnis an den Netzanschlußpunkten. Es ist zu empfehlen, die Installation von Fachleuten vornehmen und das gesamte Netz einmessen zu lassen. Andernfalls können z. B. allein durch Temperaturschwankungen Störungen in der Übertragung auftreten.

Die Breitband-LAN-Technik basiert ausschließlich auf der in den USA entwikkelten CATV-Technik (Kabelfernsehen). Aus diesem Grund verwenden diese Systeme alle aktiven (Frequenzumsetzer, Verstärker) und passiven (Verzweiger, Abzweiger) Komponenten der CATV-Technik. Die CATV-Komponenten sind ausgereift, zuverlässig und billig aufgrund der mehr als 20-jährigen Produktionserfahrung in den USA. Zum Verständnis der Breitband-LAN's sei hier angemerkt, daß die Systeme grundsätzlich auf Basisband-Technologie beruhen, die der CATV-Technik 'aufgesetzt' ist.

Die Topologie ist durch die CATV-Technik auf die Baumstruktur festgelegt. Grundsätzlich werden alle Kanäle (Verbindungen) über die sogenannte 'Kopfstation' ('Headend' = zentraler Frequenzumsetzer) zur Verfügung gestellt; innerhalb einer Verbindung laufen die Signale von einem Teilnehmer zur Headend ('up-stream') und von dieser auf einer anderen Frequenz zum empfangenden Teilnehmer ('down-stream'). Jeder Kanal benötigt also zwei Frequenzen, kann aber durch Überlagerung mit Basisband-Verfahren n Verbindungen bereitstellen.

Die CATV-Technik bietet unterschiedliche Möglichkeiten, die verfügbare Bandbreite des Trägermediums zu nutzen – s. Bild 17.

Subsplit- und Midsplit-Verfahren verwenden ein Koaxialkabel und stellen damit ca. 360 MHz Bandbreite für 'upstream' und 'downstream' Frequenzen zur Verfügung. Der Unterschied liegt in der Aufteilung dieses Frequenzbandes:

Beim Subsplit-Verfahren wird ein relativ kleiner Frequenzbereich für 'upstream' Frequenzen reserviert. Diese Art der Frequenzaufteilung eignet sich für solche Fälle, in denen die Verteilung der über das Headend eingespeisten Informationen (z. B. Fernsehen) gegenüber dem Bedarf an hausinternen Kommunikationskanälen dominiert.

Beim Midsplit-Verfahren wird der verfügbare Frequenzbereich symmetrisch zwischen 'upstream' und 'downstream' Frequenzen aufgeteilt. Diese Frequenzaufteilung eignet sich bei großem Bedarf für hausinterne Informationskanäle und nur geringem Bedarf für die Einspeisung zu verteilender Information (z. B. Fernsehen).

Ein Optimum an Bandbreite bietet das Dual-Cable-Verfahren, indem es zwei Koaxialkabel mit je 360 MHz Bandbreite für 'upstream' und 'downstream' Fre-

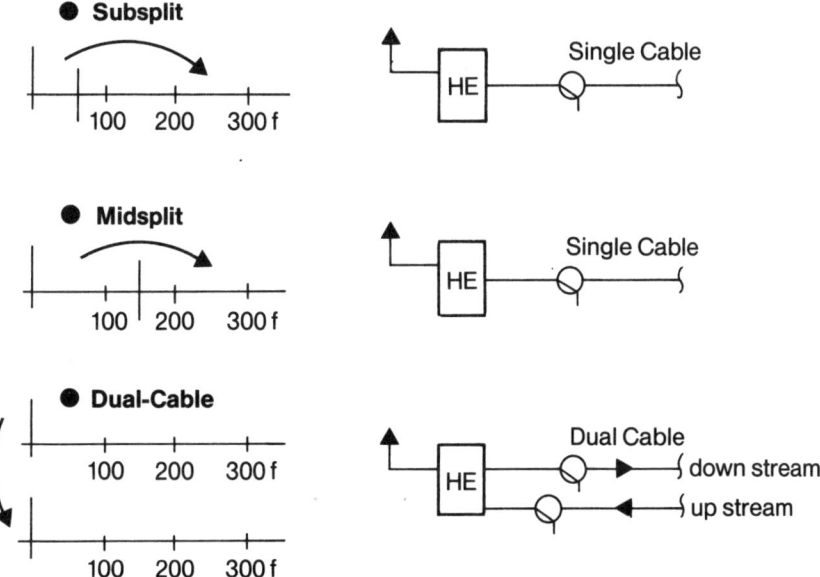

Bild 17: Frequenzumsetzung bei Subsplit-, Midsplit- und Dual-Cable-Verfahren

quenzen zur Verfügung stellt. Allerdings wird der Aufwand für Verkabelung und aktive/passive Netzkomponenten dadurch wesentlich größer.

Die verschiedenen Frequenz-Aufteilungsverfahren bedingen jeweils spezielle Headends, Verstärker und entsprechend abgestimmte Frequenzen in den LAN-Systemkomponenten. Bei der Einspeisung von TV-Programmen sind die unterschiedlichen Frequenzlagen amerikanischer und europäischer Fernseh-kanäle zu berücksichtigen.

4.2 LAN-SYSTEMMERKMALE

Die in Abschnitt 4.1 diskutierten LAN-Technologien bilden die Grundlage zur Gestaltung einsetzbarer LAN-Systeme. Jedes LAN-System benötigt über die LAN-Technologien hinaus:

– **Benutzer-Schnittstellen**

– **Communication Services**

– **Netzwerk Management Funktionen**

– **Bridges und Gateways**

Diese Systemeigenschaften werden von den Hardware-/Software-Komponenten eines LAN's bereitgestellt bzw. unterstützt. Charakteristisch ist dabei für die LAN-Systeme, daß diese Eigenschaften nicht von einem zentralen Computer, sondern von einzelnen dedizierten Systemkomponenten erbracht werden, die im System nach Bedarf auch mehrfach verwendet oder z. T. weggelassen werden können. Die Auslegung der Hard- und Software in den LAN-Systemkomponenten bestimmt in vielen Fällen das Betriebsverhalten mehr als die bereits diskutierten Zugriffsverfahren.

39

Jedes LAN benötigt – wie ein Computer – ein **Betriebssystem** zur Bereitstellung der Basis-System-Funktionen. Je nach LAN-Architektur kann es sich dabei um ein **zentral**-residentes oder um ein **verteiltes** Betriebssystem handeln. Es gibt Ausführungsformen, die wichtige Betriebssystemeigenschaften in allen aktiven LAN-System-Komponenten duplizieren, so daß der Ausfall einer oder mehrerer Komponenten ohne Einfluß auf das restliche System bleibt.

Die Betrachtung der Betriebssicherheit eines LAN's umfaßt deshalb wesentlich mehr Aspekte als die bereits diskutierten topologischen Gesichtspunkte.

Die Leistung des Betriebssystems wird durch die unterlegte Hardware-Architektur bereitgestellt. Wie bei einem Computer spielen hier Anzahl und Leistung der Prozessoren, Ausbau und Architektur des Speichers usw. eine entscheidende Rolle.

Bild 18 zeigt den inneren Aufbau einer sogenannten 'Network Interface Unit' (NIU) des Systems Net/One von Ungermann-Bass, Inc. – vgl. Kap. 4.3.1:

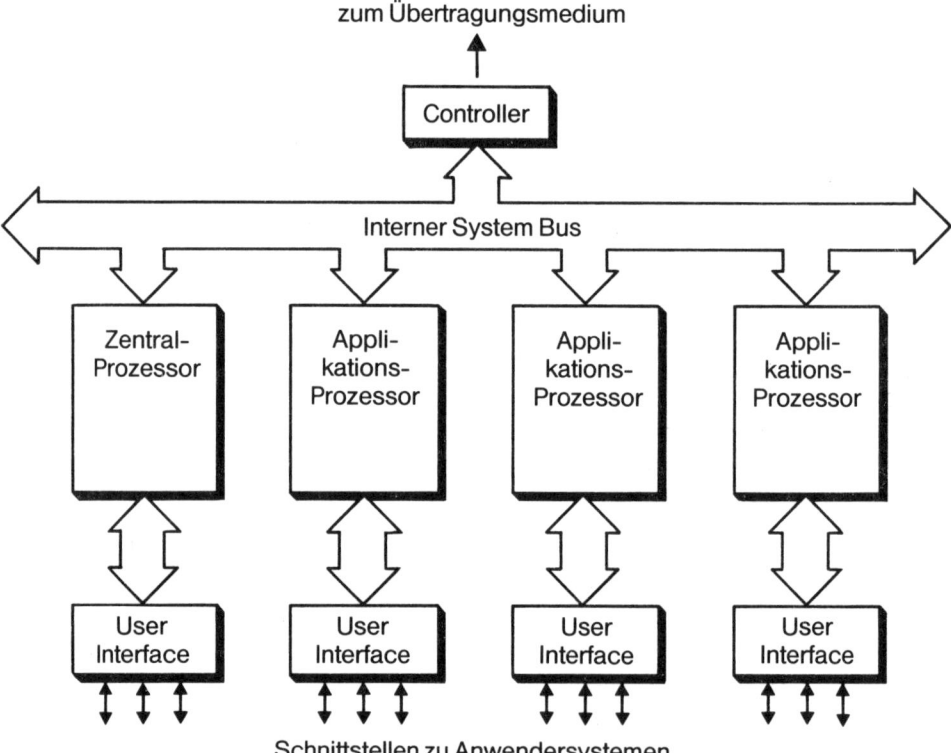

Bild 18: Design-Prinzip einer Network Interface Unit (NIU)

Bei diesem Produkt residiert in jeder NIU das Betriebssystem auf einem Zentral-Prozessor und stellt Basis-Kommunikationsfunktionen zur Verfügung. Die Applikationsprozessoren können verschiedene Schnittstellen-Protokolle unterstützen, vom Hersteller verfügbare oder vom Benutzer definierte und programmierte Applikations-/Kommunikationsservices ausführen. Grundsätzlich gilt: bei incorporierten Lösungen (vgl. Kap. 4.3.2) muß die Leistung für die Bearbeitung der Netzwerksoftware in dem Maße vom Zentralprozessor des Applikations-Computers/Servers/Terminals erbracht werden, in dem diese keine 'extra' Hardware für die Netzwerksoftware zur Verfügung stellen. Solche Gestaltungsstrukturen sind zwar billiger – und werden deshalb mit Vorliebe in den sogenannten PC-Netzen praktiziert – führen aber zu erhöhter Belastung der Applikationsprozessoren und damit zu deutlich niedrigerer Leistung des betreffenden Systems.

4.2.1 BENUTZER-SCHNITTSTELLEN

Wichtig ist, daß unter dem Begriff **'Schnittstelle'** nicht nur die **Stecker-Frage,** sondern grundsätzlich eine Spezifikation **elektrischer, mechanischer und software-prozeduraler Eigenschaften** verstanden werden muß. Aus Sicht des Anwenders sollte ein LAN möglichst all' die Schnittstellen zur Verfügung stellen, die an den bei ihm vorhandenen System existieren, so daß ein problemloser Anschluß seiner Systeme an das LAN möglich wird.

Die LAN-Hersteller können diesem Wunsch nur schwer entsprechen, da weltweit eine geradezu babylonische Verwirrung herrscht, wenn man nach den Schnittstellen verschiedenartiger Computer, Terminals, Textsysteme usw. fragt – vgl. Kap. 4.4. Die Hersteller dieser Systeme haben sich in der Vergangenheit gezwungen gesehen, eine Politik der eigenen, nicht-standardisierten Schnittstellen zu betreiben, um ihre Marktanteile zu schützen und besondere Funktionalität an diesen Schnittstellen zu gewährleisten. Mit der zunehmenden Gestaltung kommunikations-orientierter Applikationen gewinnt die **Schnittstellenproblematik** eminente Bedeutung.

Ein LAN-Hersteller kann auf diese weltweite Vielfalt mit folgender Vorgehensweise reagieren:

– Incorporation weltweit standardisierter Schnittstellen und

– Incorporation von Schnittstellen nach 'de facto'-Standards, also nach Marktanteilen großer DV-Hersteller in die LAN-System-Architektur.

Demgemäß bieten die LAN-Systeme eine Palette von Schnittstellen an, wie Bild 19 zeigt.

Bild 19 a) soll andeuten, daß bereits das vom LAN verwendete **Übertragungsmedium** und **Zugriffsverfahren** eine standardisierte Schnittstelle darstellen

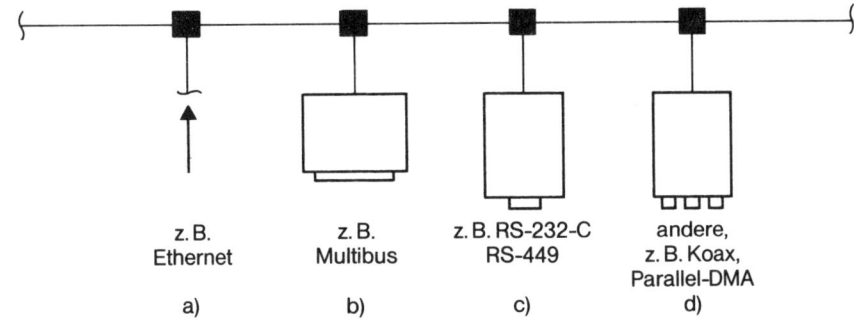

z.B. Ethernet	z.B. Multibus	z.B. RS-232-C RS-449	andere, z.B. Koax, Parallel-DMA
a)	b)	c)	d)

Bild 19: LAN Schnittstellen Gestaltung

kann, sofern der LAN-Hersteller seine innere Systemgestaltung auf ein international genormtes Verfahren stützt.

Fall b) zeigt die Umsetzung des LAN-Verfahrens auf ein 'Plug-in'-Modul mit standardisierter Bus-Schnittstelle (z. B. Multibus) einschließlich der dafür notwendigen Treibersoftware. Derartige **'Einschub-Schnittstellen'** gibt es für verschiedene, am Markt gängige Computer, abgestimmt auf den inneren 'Systembus' dieser Systeme.

Fall c) zeigt die Umsetzung auf **international normierte Schnittstellen** mittels sogenannter 'Device-Adapter' oder 'Network Interface Units'; diese Namen differieren von Hersteller zu Hersteller. Gemeinsam ist diesen Lösungen, daß die Schnittstellen in Verbindung mit den LAN Communication Software Services wahlweise synchron oder asynchron betrieben werden können.

Fall d) zeigt die Auslegung der Schnittstellen für spezielle, **hersteller-spezifische** System-Schnittstellen – z. B. IBM-Koaxial-Schnittstelle für Terminals 3278 u. a.

Diese verschiedenen LAN-Schnittstellen werden von den Communication Software Services in unterschiedlicher Art und Weise unterstützt. Im Einzelfall ist zu prüfen, ob ein bestimmter, vom Anwender gewünschter Verbindungsservice über den vorhandenen Schnittstellentyp angeboten bzw. eingerichtet werden kann.

4.2.2 COMMUNICATION SERVICES

Für den LAN-Anwender stehen neben den Topologie- und Verkabelungsaspekten die **Dienstleistungen** eines LAN's im Vordergrund. Die LAN-Hersteller bieten auf den heute verfügbaren Systemen bereits verschiedene Kommunikationsdienste an; die Entwicklung weiterer Services wird durch den steigenden Nutzungsgrad der LAN-Systeme auch von der Anwenderseite entscheidend mitbestimmt werden.

Tabelle 5 zeigt einige Dienste und deren Zuordnung zu den LAN-System-Kategorien nach Kapitel 4.3.

Bei den **infrastruktur-orientierten LAN-Systemen** (vgl. Kap. 4.3) dominieren naturgemäß die Verbindungsservices. Der Anwender sollte berücksichtigen, daß sich die **Charakteristik des verwendeten LAN-Zugriffsverfahrens um so weniger bemerkbar macht, je 'höher entwickelt und gesichert' der betreffende Verbindungsservice ist.** Diese Eigenschaften machen sich nur in Hochgeschwindigkeitsverbindungen und im Lastverhalten des gesamten Netzes bemerkbar. Deshalb ist auch für die Mehrzahl der LAN-Applikationen die Frage des Übertragungsverfahrens **nachrangig** gegenüber anderen Kriterien.

Bei den **'Virtual Circuits'** handelt es sich um gesicherte Punkt-zu-Punkt Verbindungen. Der VC-Service ist der am häufigsten benötigte Verbindungstyp zum Aufbau einer wahlfreien Verbindung nach Bedarf ('on request'). Der Kommunikationspartner kann unter einem logischen Begriff benannt werden (z. B. 'Connect Abakus') – und beispielsweise das Terminal eines Mitarbeiters, ein Applikationsprogramm auf einem Computer oder einen Service im LAN adressieren. VC's eignen sich besonders für die häufig benötigten Terminal-Computer-Verbindungen, weniger für Computer-Computer-Verbindungen.

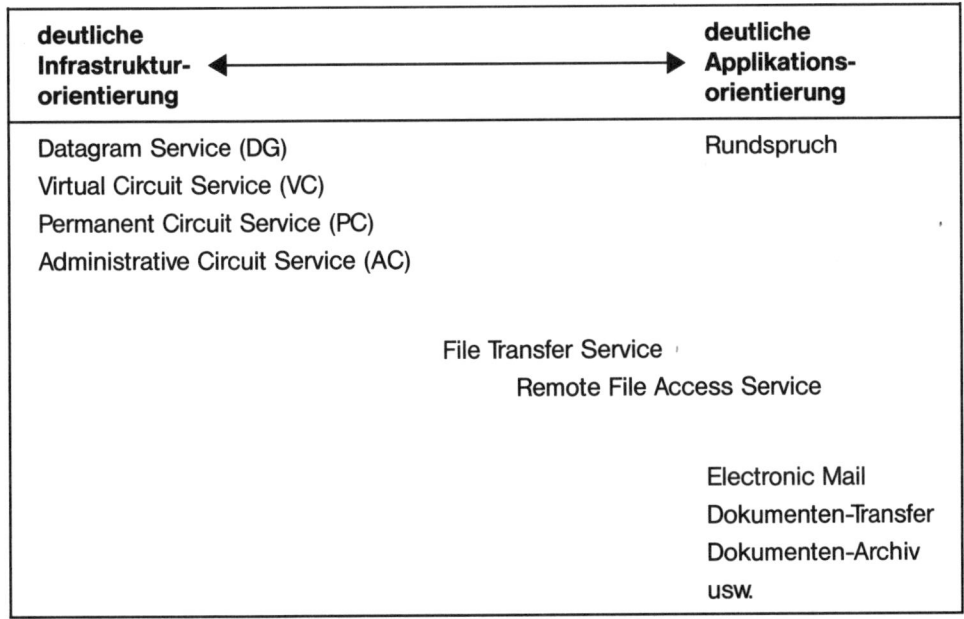

deutliche Infrastruktur-orientierung ◄———————————————►	deutliche Applikations-orientierung
Datagram Service (DG) Virtual Circuit Service (VC) Permanent Circuit Service (PC) Administrative Circuit Service (AC)	Rundspruch
	File Transfer Service Remote File Access Service
	Electronic Mail Dokumenten-Transfer Dokumenten-Archiv usw.

Tabelle 5: LAN Communication Services

AC's werden über das Administrator-Terminal als 'Festverbindungen' zwischen beliebige Teilnehmer geschaltet, während **PC's** vom Betriebssystem des Netzes automatisch aufgebaut werden können. Beide Verbindungstypen sind praktisch ein Äquivalent für festgeschaltete Leitungen.

Der **Datagram-Service** wird vorzugsweise für schnelle Computer-Computer-Verbindungen oder zum 'Broadcasting' verwendet. Er ist weniger gesichert und damit schneller als ein VC-Service.

Der **File Transfer Service** bzw. **Remote File Access Service** dient zum Austausch von bzw. Zugriff auf Dateien, die auf verschiedenen Rechnern residieren. In diesem Zusammenhang notwendige Formatkonversionen können im LAN vorgenommen werden. Der File Transfer Service kann so gestaltet werden, daß ein angeschlossener Rechner im LAN stets ein System der eigenen Familie 'sieht'. Dies hat den Vorteil, daß die Applikationscomputer nicht mit Konvertierungsaufgaben belastet werden müssen.

Die Software Konzeptionen der Kommunikationsdienste sind in fast allen Fällen **hierarchisch** gestaltet, d. h., die Dienste bauen aufeinander auf: der VC-Service auf dem Datagram-Service, der File Transfer Service auf dem VC-System usw. Dies gilt sinngemäß für die **applikations-orientierten Dienste,** in jedem Fall bauen sie auf den Verbindungsservices auf. Auch in applikations-orientierten LAN-Systemen gibt es also eine ausgeprägte Architektur für Verbindungs-Dienste, die dem Benutzer dieser Systeme allerdings verborgen bleibt. Die Ausdifferenzierung applikations-bezogener Dienste wächst mit zunehmender Branchen-Orientierung; in professionell gestalteten Systemen sollte sie sogar konfigurierbar sein. Die in Tabelle 5 erwähnten applikations-orientierten Dienste sollen lediglich als Beispiel dienen.

Die erwähnten Kommunikationsservices können auf Anforderung oder auch selbsttätig ausgeführt werden, da die LAN's die dafür notwendige und beliebig viel addierbare 'Intelligenz' besitzen. **Hier zeigt sich die grundsätzlich anders-artige Systemphilosophie der LAN's gegenüber leitungsvermittelnden Systemen (PABX), bei denene 'Intelligenz' zur Ausgestaltung der Verbindungs-services per Definition kein Systembestandteil ist.**

4.2.3 NETZWERK MANAGEMENT

Zur **Konfiguration und Verwaltung** existiert in (fast allen) LAN-Systemen eine sogenannte **'Administrator-Station',** von der aus das (gesamte) System 'gemanagt' werden kann. Dazu sind im Betriebssystem Softwarefunktionen notwendig, die es erlauben, von einer Stelle des Netzes aus jede Systemkomponente zu konfigurieren, zu aktivieren und ihre Funktion zu testen.

Insbesondere in weitverzweigten Netzen sind diese Eigenschaften eines LAN-Betriebssystems von eminenter Bedeutung, da ohne sie ein reibungsloser Betrieb des Netzes kaum gewährleistet werden kann. Entsprechend ausgereifte Betriebssysteme stellen deshalb zusätzliche Programme zur Verfügung, die das Lastverhalten des Netzes protokollieren, Fehlerstatistiken führen usw.

Die erwähnten Funktionen sind vorwiegend auf die Interpretation eines Netzwerk Operators und dessen Eingreifen ausgelegt. Darüberhinaus werden aber insbesondere in größeren Installationen Softwareprozesse mit Netzwerk Management Funktionen notwendig, die ein verzweigtes LAN-System ständig überwachen und – wenn notwendig – dynamisch steuern, Last umverteilen usw. Solche ausgereiften Funktionen existieren bei den LAN-Herstellern bis heute nur in Ansätzen.

4.2.4 BRIDGES UND GATEWAYS

In fast jedem Unternehmen ergibt sich die Notwendigkeit, mehrere z. B. in verschiedenen Gebäuden installierte LAN's miteinander zu verknüpfen. Für sol-

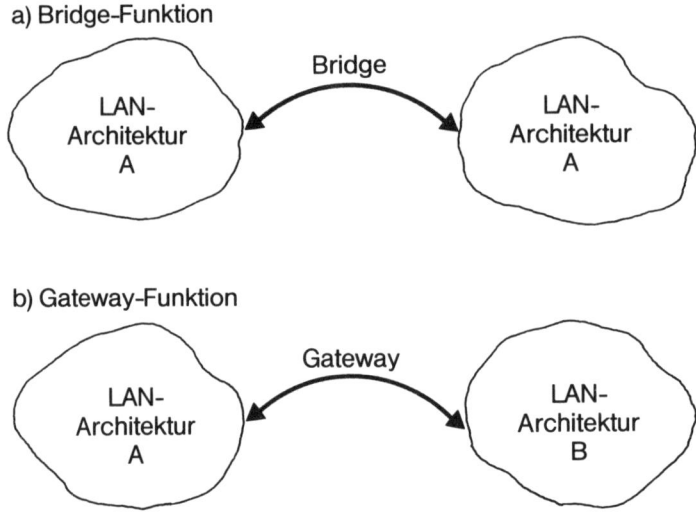

Bild 20: Netzübergänge durch Bridges und Gateways

44

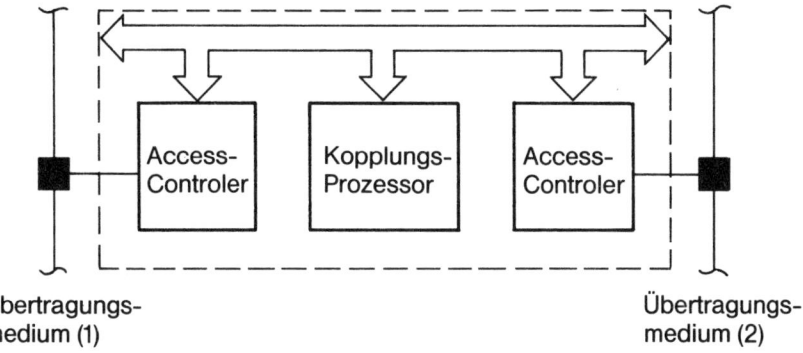

Übertragungs-
medium (1)

Übertragungs-
medium (2)

Bild 21: Design-Prinzip einer 'Local Bridge'

che Kopplungen kann der Anwender bei einigen LAN-Herstellern auf Bridges
zurückgreifen; Gateways werden in den meisten Fällen speziell entwickelt werden müssen. Bild 20 zeigt den Unterschied zwischen Bridges und Gateways.

Bei einer **Bridge-Funktion** handelt es sich grundsätzlich um ein Hardware-/
Softwaresystem zur Kopplung zweier oder mehrerer **gleichartiger** Netze mit
dem Ziel, diese zu **einer ganzheitlichen logischen Netzstruktur** zusammenzu-
fassen.

Sollten im lokalen Bereich eines Anwenders zwei oder mehrere LAN's miteinander verkoppelt werden, verwendet man dazu sogenannte **'Local Bridges'**, die
direkt zwischen die Übertragungsmedien der benachbarten Netze geschaltet
werden (s. Bild 21). Auf diese Art können regelrechte Kaskaden von LAN's entstehen, die allerdings keine Hierarchie bedeuten. Bietet ein Hersteller verschiedene Übertragungsmedien an (z. B. Koaxialkabel (1) und Glasfaser (2)),
können diese über eine Bridge nach Bild 21 zu einem Netz mit logisch durchge-
hender Struktur zusammengeschlossen werden.

Befinden sich die LAN's an verschiedenen, durch öffentliches Gelände getrennten Orten, muß die Kopplung der Netze über sogenannte **'Remote-
Bridges'** erfolgen – s. Bild 22.

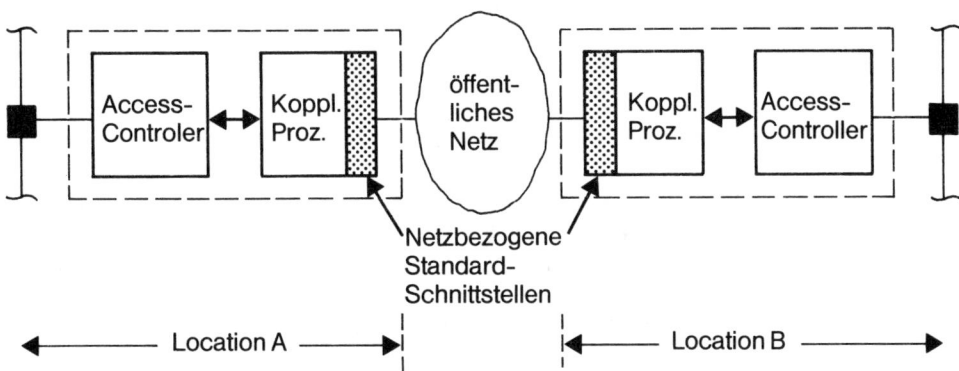

Bild 22: Kopplung zweier LAN's über Remote-Bridges

Remote-Bridges benötigen für ihre Verkopplung i. a. eine festgeschaltete Leitung relativ hoher Übertragungskapazität im öffentlichen Netz (z. B. Datex-L-Verbindung 56 KBaud). Diese Geschwindigkeit ist für die Verkopplung ausgedehnter LAN's mit vielen Teilnehmern sicher zu gering, aber es ist eine falsche Vorstellung, für die Kapazität dieser Verbindung von der Bandbreite und Geschwindigkeit auf dem LAN-Übertragungsmedium auszugehen. Eine Notwendigkeit zur Fortsetzung dieser Kenngrößen gibt es nicht, da der LAN-Carrier aus Laufzeitgründen nicht über die Grenzwerte ausgedehnt werden darf. Wie Bild 22 zeigt, sind LAN-Carrier und Postnetze durch die Kopplungsprozessoren voneinander entkoppelt. Diese Prozessoren verarbeiten relativ aufwendige Kopplungsprogramme, die i. a. die Verbindungen auf Ebene 4 des ISO-Schichtenmodells herstellen (s. Kap. 4.4.1).

Der große Vorteil von Bridges besteht darin, daß sie die Ausdehnungsbegrenzungen einer LAN-Architektur aufgrund des verwendeten Übertragungsverfahrens überwinden und erlauben, beliebig große Netze gleicher Architektur aufzubauen. Voraussetzung für eine Bridge-Funktion als Bestandteil eines LAN-Systems ist eine entsprechend mächtige Betriebssystem-Software, die diese Funktion unterstützt.

Im Gegensatz zu den Bridges bilden **Gateways** den Übergang zwischen Netzen **unterschiedlicher Architektur.**

Sie bilden beispielsweise die Architektur eines LAN's vom Hersteller A auf die des Herstellers B ab und umgekehrt. Da die Systemarchitekturen verschiedener Hersteller von unterschiedlicher Mächtigkeit sind, besteht bei Gateways grundsätzlich das Problem, daß man nicht alle Eigenschaften abbilden kann und deshalb einen Funktionsverlust in Kauf nehmen muß.

Bridges und Gateways sind sehr komplizierte Systeme; ihre Entwicklung ist entsprechend aufwendig. Da sie die **'Nadelöhre'** in großen Netzen darstellen,

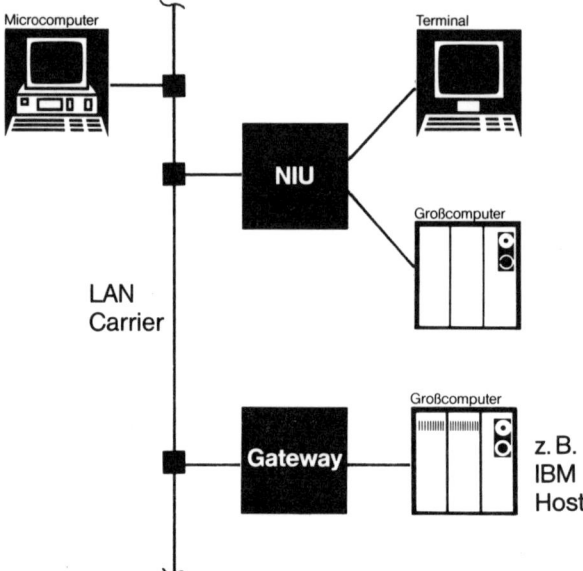

Bild 23: Gateway in einem LAN-Netz

muß ein entsprechend sorgfältiges Design erfolgen. Relativ wenig LAN-Hersteller bieten deshalb heute Bridges an. Bridges dürfen nicht auf der Ebene der Übertragungsverfahren angesiedelt gesehen werden, sie sind in ihrem Funktionsumfang wesentlich mächtiger.

Für die Gatewayfunktionen eines LAN's, beispielsweise den Übergang auf eine IBM-SNA-Architektur, gilt entsprechendes. Die hierfür notwendigen Kapazitäten in Hardware und Software sind beträchtlich, so daß in vielen LAN-Architekturen 'Gateways' als separate Produktkomponenten am LAN ausgeführt sind (Bild 23).

4.3 LAN-AUSFÜHRUNGSFORMEN

Die einleitend getroffene Definition eines LAN's beschreibt deutlich ein System mit Infrastruktur-Charakter, das zur Verknüpfung nicht-sprachgebundener Geräte beim Anwender dienen kann. In zunehmendem Maße werden aber die LAN-spezifischen Verbindungsmethoden und Zugriffsverfahren – vgl. Kap. 4.1 – von den Herstellern klassischer DV-Netze zur Umgestaltung ihrer traditionellen Netzarchitekturen benutzt. Auch die Hersteller von Bürosystemen und 'High-End'-Personal Computern benutzen die LAN-Technologien als Grundlage zur Gestaltung hochflexibler, applikations-bezogener Systemlösungen.

Deshalb zeigen die technischen Ausführungsformen der heute am Markt unter dem Begriff 'LAN' existierenden Systeme folgende Bandbreite:

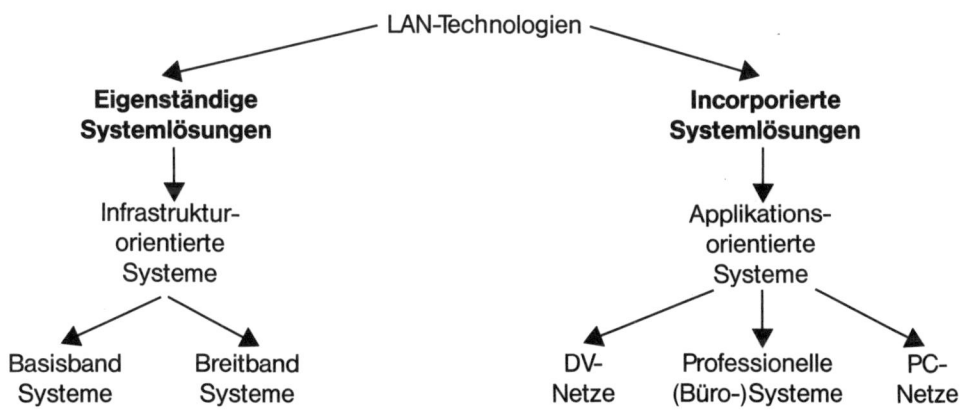

Die diversifizierten System-Lösungen bilden zwei Hauptgruppen: **eigenständige** und **incorporierte** Systemlösungen.

Eigenständige Systemlösungen sind für die Übertragung und Vermittlung optimiert und stützen damit die **Kommunikations-Infrastruktur** eines Unternehmens. Sie sind in Basis- oder Breitbandtechnologie ausgeführt und bieten unterschiedliche Schnittstellen und Verbindungsservices, um möglichst 'offen' zu sein für die Anbindung verschiedener Computer, Terminals (Bild 24). Die Breitband-Varianten ermöglichen die gleichzeitige Übertragung analoger und digitaler Informationsformen in einem Netz (vgl. Kap. 3.1).

Gestaltungsprinzip   Beispiele:

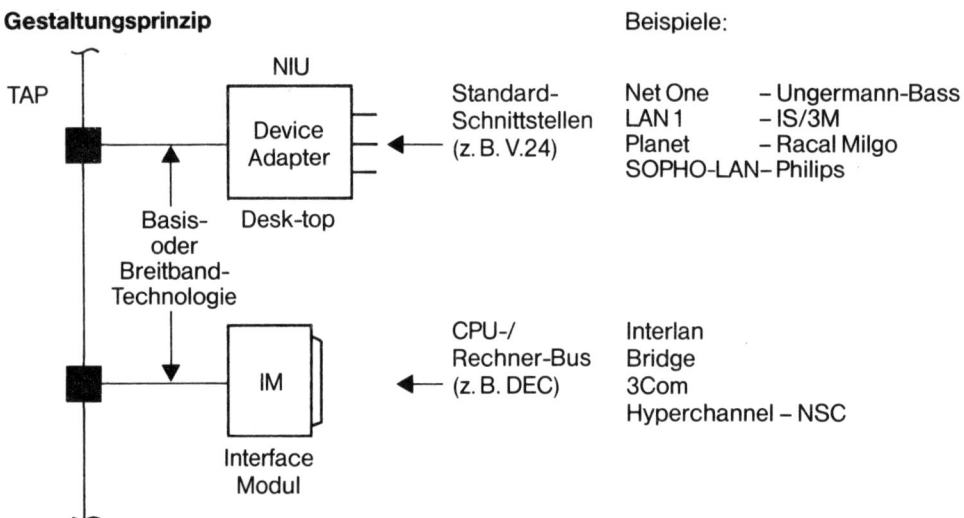

Standard-Schnittstellen (z. B. V.24)	Net One	– Ungermann-Bass
	LAN 1	– IS/3M
	Planet	– Racal Milgo
	SOPHO-LAN	– Philips

CPU-/Rechner-Bus (z. B. DEC)	Interlan	
	Bridge	
	3Com	
	Hyperchannel	– NSC

Bild 24: Infrastruktur-orientierte LAN-Systemlösungen

Bei incorporierten Lösungen werden die LAN-Technologien als Verbindungs-mittel zum Aufbau **dezentralisierter Systemkonzepte** benutzt. In solchen Kon-zepten teilen sich beispielsweise mehrere Arbeitsplatz-Computer einen ge-meinsam benutzten Datei-Server, indem alle Komponenten über die LAN-Tech-nologie direkt ('Plug-In-Controller') verbunden sind. Für den Anwender stehen bei diesen, meist 'geschlossenen' Lösungen die **applikationsorientierten Eigenschaften** (z. B. Textverarbeitung) im Vordergrund; die 'unterlegte' LAN-Technologie wird – oftmals – zweitrangig. Diese Betrachtungsweise kann sich ändern, wenn der Anwender das LAN zusätzlich für Infrastrukturzwecke ver-wenden möchte.

Gestaltungsprinzip   Beispiele:

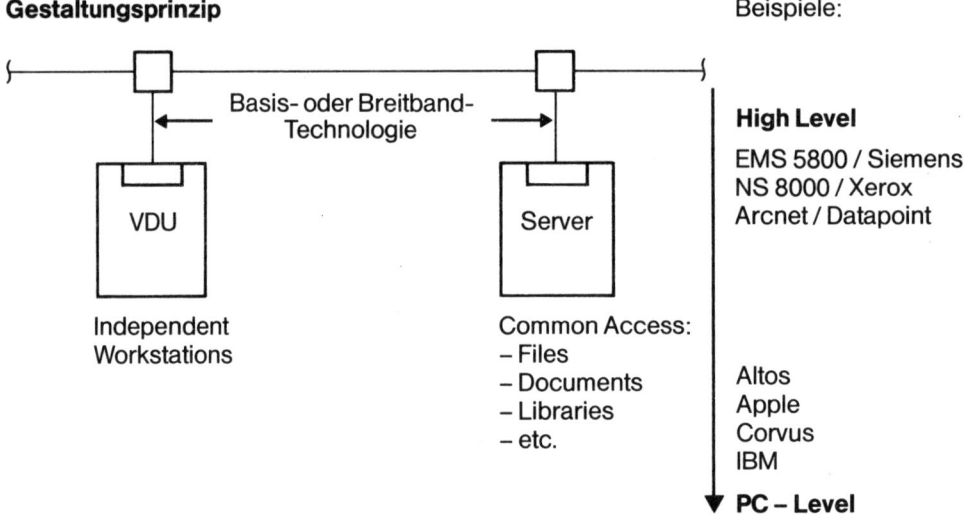

High Level

EMS 5800 / Siemens
NS 8000 / Xerox
Arcnet / Datapoint

Altos
Apple
Corvus
IBM

▼ **PC – Level**

Bild 25: Applikations-orientierte LAN-Systemlösungen

Die Palette der Applikations-orientierten Lösungen ist groß und reicht von hochentwickelten Systemen für den professionellen Einsatz bis hin zu Low-Cost Lösungen aus der Personal-Computer-Welt.

Die PC-Netze (Personal Computer) stellen den 'Low-End'-Bereich der professionellen Systemlösungen dar. Sie sind unter dem Aspekt möglichst geringer Kosten entwickelt, drängen aber durch die ständige Verbesserung des Preis-/Leistungsverhältnisses 'nach oben'.

4.3.1 INFRASTRUKTURLÖSUNGEN IN BASIS- UND BREITBAND-TECHNOLOGIE – DISKUTIERT AM BEISPIEL DES PRODUKTES NET/ONE DER FIRMA UNGERMANN-BASS, INC.

Die Fa. Ungermann-Bass bietet mit dem Systemkonzept Net/One eine **hochentwickelte, infrastruktur-orientierte** Produktlösung an.

Die Besonderheit dieser Lösung liegt in dem Konzept der **Network Interface Units – NIU's** (s. Bild 18). Diese bilden nicht nur den Zugang zum Übertragungsmedium, sondern bieten darüberhinaus eine breite Palette unterschiedlicher Schnittstellen zum Anschluß peripherer Computer, Terminals, usw. In den NIU's residieren das Betriebssystem und die 'Communication Services' (vgl. Kap. 4.2.2). Eine weitere Besonderheit bilden die frei programmierbaren Applikationsprozessoren; sie geben dem Anwender die Möglichkeit, eigene, in seiner Infrastruktur spezifische Kommunikations-Services zur Verfügung zu stellen.

Die innere Architektur der Ungermann-Bass NIU's ist in Anlehnung an das ISO-Schichtenmodell gestaltet (vgl. Kap. 4.4.1). Durch die systeminterne Busschnittstelle ist der 'Medium Access Controller' als modulare, auswechselbare Einheit gestaltet. Dies gibt dem Hersteller die Möglichkeit, das System Net/One unter Einhaltung einer **Gesamtarchitektur wahlweise** oder ergänzend in

● **Basisband**-Ausführung ('Ethernet'),

● **Breitband**-Ausführung oder

● **Glasfaser**

anzubieten. Der Bereich 'Netzwerk-Intelligenz' mit den zur Verfügung gestellten Kommunikations-Software-Services bleibt davon unberührt; durch die unterschiedlichen Übertragungsgeschwindigkeiten auf den einzelnen Übertragungsmedien ändern sich lediglich einige Leistungs- und Lastparameter. Das modulare Konzept wird auf der Schnittstellenseite fortgesetzt, so daß der Anwender unter verschiedenen Schnittstellen (seriell, parallel, synchron und asynchron) wählen kann.

Bild 26 zeigt eine Konfiguration des Systems in Basisbandausführung. Deutlich erkennbar sind das Bus-Prinzip des Ethernet-Verfahrens und die segmentierten Erweiterungsmöglichkeiten über sogenannte Repeater. Mit Hilfe der NCF-Station (Network Configuration Facility) wird das Netz von zentraler Stelle aus konfiguriert und in Betrieb genommen. Für jede NIU wird ein Satz Schnittstellen-spezifischer Konfigurationsparameter auf dem Massenspeicher der NCF abgelegt. Bei der Inbetriebnahme des Netzes fordern die NIU's selbsttätig 'ihre' Software von der NCF: das Netz wird über einen sogenannten 'Down Loading Process' aktiviert, der zugleich einen umfangreichen Selbsttest des

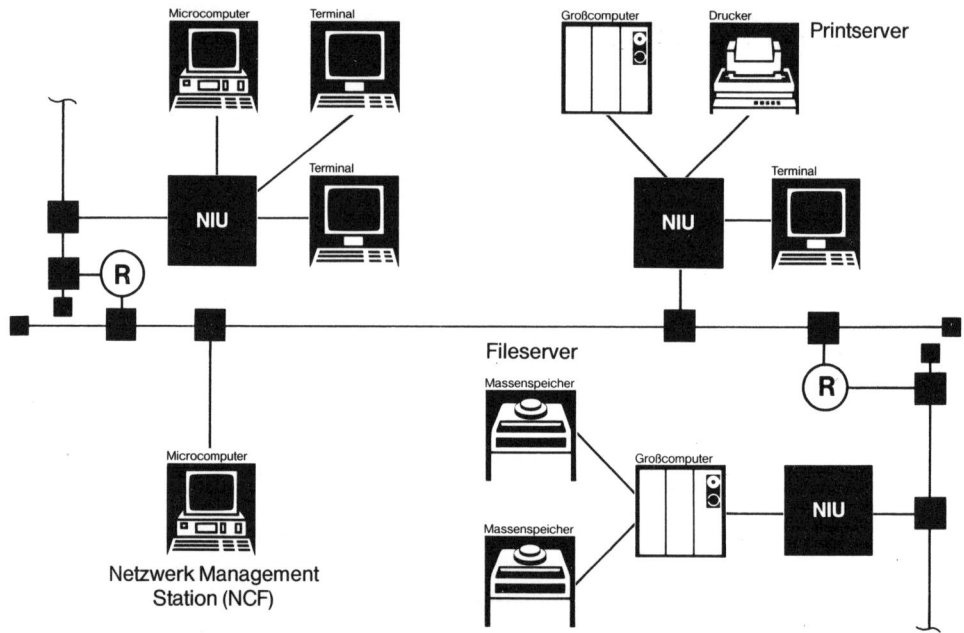

Bild 26: Net/One in Basisband-Ausführung

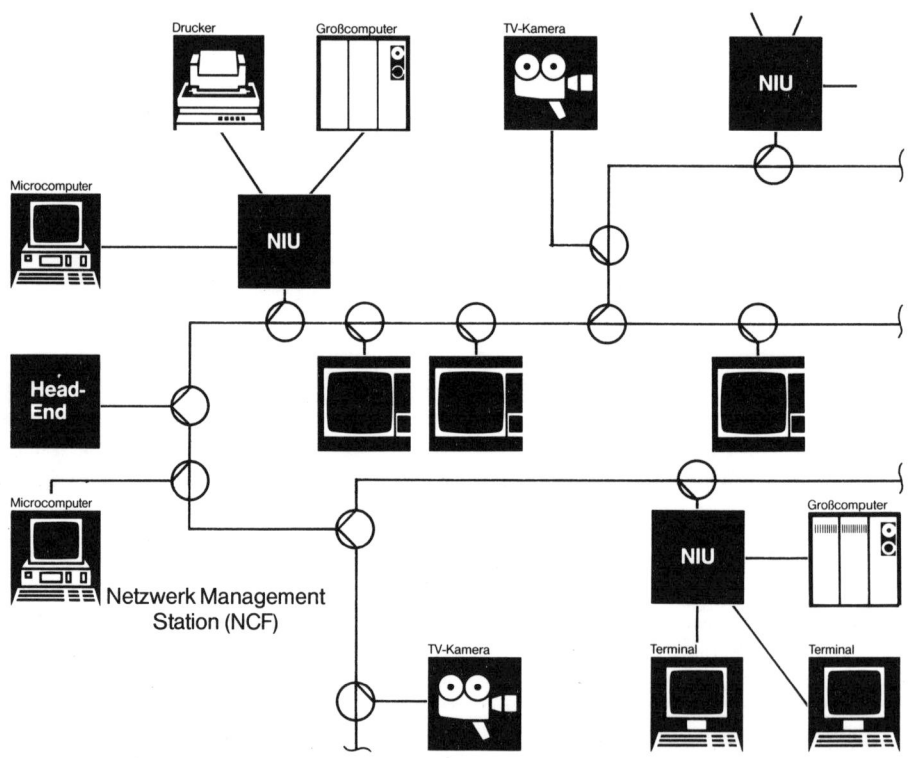

Bild 27: Net/One in Breitband-Ausführung

gesamten Systems darstellt. Sind alle NIU's mit Software 'geladen', kann die NCF für Überwachung und Statistik genutzt werden; alle NIU's arbeiten nach dem 'down-loading' vollständig autonom.

Durch Verwendung **anderer** 'Medium Access Controler' kann das System in Breitband-Technologie oder Glasfaser aufgebaut werden.

Bild 27 zeigt Net/One in Breitband Version. Eine weitere Besonderheit ist hier, daß der Hersteller alle Varianten der Broadband-Realisierung zuläßt: High-Split-, Mid-Split- und Dual-Cable-Version (vgl. Kap. 4.1.4).

Die verschiedenen Varianten benötigen von einander abweichende Verstärker und Frequenzumsetzer (Kopfstationen, Head-End's).

Das System Net/One wirkt in der Broadband-Variante logisch genau wie das Basisbandsystem: nämlich als Bus-System. So sind Funktionsweise und Software Services der NIU's identisch mit der Basisband-Version. Lediglich die Physik der CATV-Technik bedingt den Aufbau in Baumstruktur.

Als einer der ersten LAN-Hersteller bietet Ungermann-Bass die für den Aufbau großer Netze benötigten **Local** und **Remote Bridges.** Für das System Net/One ergibt sich damit die Möglichkeit, **eine logische Netzarchitektur** über **unterschiedliche Übertragungstechnologien zu realisieren** (Bild 28).

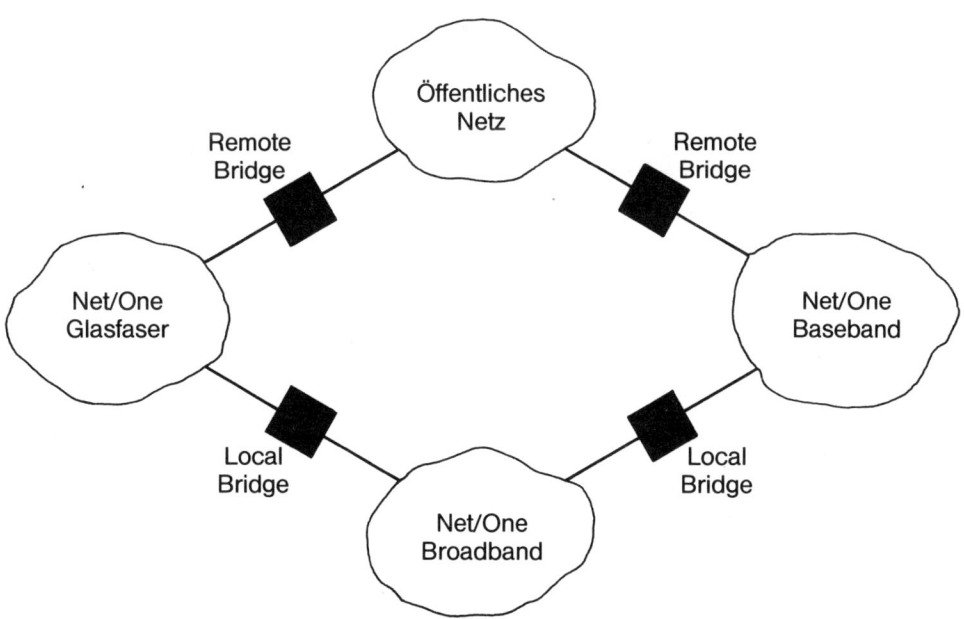

Bild 28: Bildung einer logisch durchgehenden Gesamtarchitektur durch Net/One Local- und Remote-Bridges

4.3.2 INCORPORIERTE, APPLIKATIONS-ORIENTIERTE LAN-LÖSUNGEN – DISKUTIERT AM BEISPIEL DES PRODUKTES NS 8000 DER FIRMA XEROX

Wie Bild 29 zeigt, umfaßt die **applikations-orientierte** LAN-Lösung **Netztechnologie** und **Endgeräte,** d. h. Computer, Terminals, Textsysteme usw.

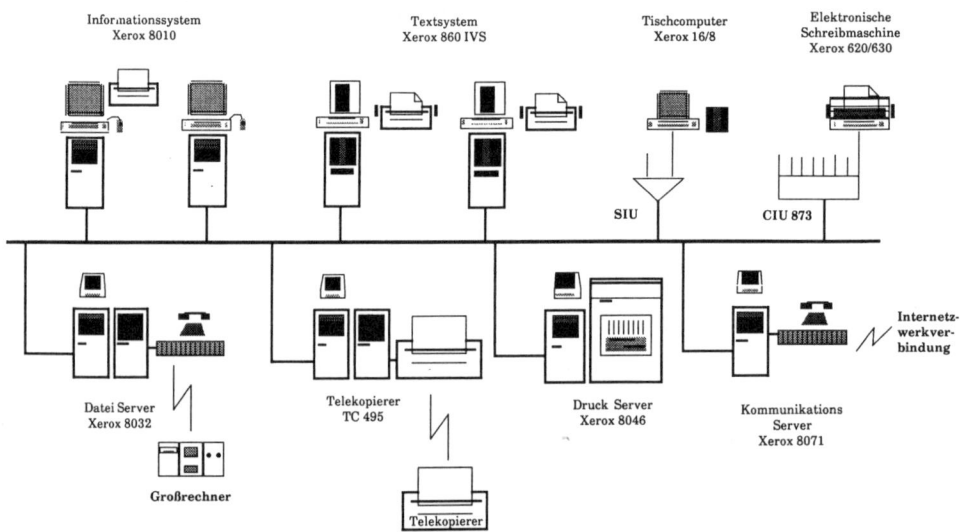

Bild 29: Applikations-orientierte LAN-Systemlösung NS 8000*

Das vom Hersteller Xerox für Büroanwendungen konzipierte System NS 8000 basiert auf der Ethernet-Technologie wie die Basisbandversion von Net/One. Art, Aufbau, Ausdehnung und Eigenschaften des Trägermediums sind also identisch.

Dennoch stellt sich das System NS 8000 dem Benutzer ganz anders dar. Aufbauend auf der Ethernet-Technologie setzt es sich aus folgenden Systemkomponenten zusammen:

den **Arbeitsplatz-Systemen**

X 8010 – Informationssystem
X 860 – Textverarbeitungssystem
X 16/8 – Personal Computer
X 620 – elektrischen Speicherschreibmaschinen,

die nach den Anforderungsprofilen der verschiedenen Arbeitsplätze im Büro diversifiziert sind – und

den **Server-Stationen**

X 8040 – Druckserver
X 8030 – Dateiserver
X 8071 – Kommunikationsserver

die für die Arbeitsplatzsysteme Dienstleistungen erbringen.

---

*Bildliche Darstellung mit freundlicher Genehmigung der Fa. Rank Xerox GmbH.

Die Applikations-orientierten Funktionen (hier: ausgelegt für Arbeiten im Büro) entstehen durch das **Zusammenwirken** dieser über das Ethernet-Verfahren miteinander kommunizierenden Geräte. Den einzelnen Systemkomponenten kommt dabei folgende Bedeutung zu:

das **Informationssystem** aus der Serie 8010 erlaubt den Zugriff auf **sämtliche** System-Ressourcen wie Dokumente, Archiv, Elektronische Post, Datenbestände usw. über eine hochentwickelte Bedientechnologie aus Softwaresymbolen die die Büroumgebung nachbilden und der 'Maus';

das **Textsystem 860** wird zur konventionellen Textverarbeitung mit Zugriff auf die damit assoziierten Services Ablage, Drucken und Postversand eingesetzt (auch der Zugriff auf Großrechner ist über den Kommunikationsservice 8071 möglich);

der **Druckserver 8040** dient zum Erstellen hochwertiger Dokumente, die Text, Graphik und verschiedenartige Schriftsymbole enthalten können;

der **Dateiserver** dient als Massenspeicher zur Realisierung von 'Aktenschränken', zur Ablage von Dokumenten und Mappen, zur Bildung eines zentralen Archives, zu dem die Benutzer über vereinbarte Zugriffsrechte Zugang haben und zur Realisierung der elektronischen Post;

der **Kommunikationsserver 8031** 'öffnet' das Netzwerk NS 8000 für andere, nicht von Xerox stammende Geräte und ermöglicht den Durchgriff von Xerox-Arbeitsstationen zu anderen DV-Systemen, z. B. IBM unter Verwendung von Dialog- und Batch-Prozeduren; er stellt den Zugang zum Telex-, Teletex- und Telefax-Dienst zur Verfügung; er bildet die 'Bridge' zu weiteren NS 8000 Netzwerken.

Die nicht-lokalen Funktionen der Workstations werden durch **kommunikative Prozesse** zwischen den Systemkomponenten erzeugt.

Applikationsfunktion	unterstützt lokal durch	unterstützt durch Kommunikation mit/über
Ablage – abteilungsinterner – firmeninterner – unternehmensinterner Information in elektronischen Aktenschränken	801 x 860 820 bzw. PC 16/8, 62 x (Speicherschreib-maschinen	Dateiserver der Serie 803 x; die Dokumente werden in den Workstations lokal erstellt bzw. bearbeitet und zur Abspeicherung auf die Dateiserver überspielt.
elektronische Post (electronic mail)	801 x 860 820 bzw. PC 16/8 62 x	Dateiserver der Serie 803 x. Elektr. Postkästen werden lokal oder auf dem Dateiserver eröffnet und verwaltet. Kommunikationsserver 801 x. Verschicken der Post zu Teilnehmern in anderen NS 8000 Netzen.

Tabelle 5: Kommunikationsfunktionen im Xerox Netzwerk NS 8000

Das System NS 8000 realisiert also eine **verteilte Systemarchitektur,** die von dem unterlegten Ethernet-Verfahren optimal unterstützt wird. Der Vorteil einer solchen Architektur liegt in der **hochflexiblen Anpassungsfähigkeit** an die sich ändernden Bedürfnisse des Anwenders: das System kann **sukzessive 'mitwachsen'** – ohne Engpässe in den Ressourcen befürchten zu müssen und ohne 'Verkabelungsprobleme', wie dies bei zentralisierten DV-Architekturen ständig der Fall ist.

Der Hersteller betreibt für den Eigenbedarf ein Kommunikationssystem aus ca. 150 verkoppelten Netzen, so daß die Mitarbeiter weltweit über **ein** gemeinsames Kommunikationsnetzwerk Informationen miteinander austauschen können.

4.4 LAN-STANDARDISIERUNG

Problemgerechte Kommunikationslösungen erfordern die Einbeziehung verschiedenartigster Systeme: Großcomputer, Arbeitsplatzcomputer, Terminals, private und öffentliche Netze und deren Dienstleistungen. Da es sich bei diesen Systemen um in der Regel zueinander **inkompatible** Architekturen handelt, kommt den Fragen der **Standardisierung** (u. a. der Schnittstellen und Protokolle) **zentrale Bedeutung** zu.

Zur Erreichung einer minimalen Systemkompatibilität müssen die Schnittstellen nicht nur in ihren mechanischen und elektrischen Eigenschaften, sondern auch in den zugehörigen Protokollen standardisiert werden; darüberhinaus wird es erforderlich sein, auch die Kommunikationsdienste mit standardisierten Software-Schnittstellen zu gestalten, um die notwendigen Dienstübergänge herstellen zu können (z. B. von einem privaten auf einen öffentlichen Electronic Mail Service).

Die Bemühungen um Standardisierung werden von drei Seiten vorangetragen:

– den nationalen Postverwaltungen (CEN, CENELEC, CCITT))
– den Herstellern (VDMA, ZVEI, ECMA, IEEE)
– den Anwendervereinigungen (ADI u. a.)

Zusammen wirken sie über nationale Standardisierungsgremien (DIN, AFNOR, ANSI, BSI etc.) auf internationale Standardisierungsgremien (ISO, IEC) ein.

Naturgemäß sind die Standardisierungsbestrebungen unter den **Postverwaltungen** am weitesten entwickelt, da die Kommunikation nicht an Landesgrenzen halt macht. Infolgedessen sind von der CCITT bereits eine Reihe von Standards festgelegt worden (z. B. die Empfehlungen für die Schnittstellen der V- und X-Serie), die weltweit eingehalten werden und so internationalen Daten-, Text- und Telefonverkehr ermöglichen. In jüngster Zeit dehnen sich die Standardisierungsbemühungen der CCITT auch auf das Angebot international normierter Dienstleistungen (Teletex, Bildschirmtext, Telebox) aus.

Die Bemühungen auf **Herstellerseite** (IEEE, ISO, ECMA) sind ungleich schwieriger: Standardisierungsempfehlungen beeinflussen den freien Gestaltungsraum der Hersteller. So sind die hochentwickelten und leistungsfähigen Produkte, die von den Herstellern für unterschiedlichste Problemstellungen entwickelt wurden, ja gerade das Ergebnis des Nicht-Vorhandenseins normierender Vorschriften. Zudem bedeutet Standardisierung zusätzliche Leistung im System, die vom Anwender bezahlt werden muß, die aber nicht zu höherer **Effizienz führt.**

Die jüngsten, von US-Firmen vorangetragenen Innovationen unter Verwendung der LAN-Technologien zeigen, daß vor allem im **Inhouse-Bereich ein eigener Innovationsspielraum** existiert, der sich **unabhängig** von der Entwicklung im öffentlichen Bereich mit rasanter Geschwindigkeit entwickelt. Es wäre daher für die Unternehmen in der BRD verhängnisvoll, würden sie sich von dieser Entwicklung abkoppeln, indem sie auf entsprechende Standards für den Inhouse-Bereich warten.

Die Hersteller haben erkannt, daß sie die Systemarchitekturen 'öffnen' müssen, wenn sie den Anliegen ihrer Kunden im Rahmen kommunikations-orientierter Problemstellungen Rechnung tragen wollen.

Im privaten Bereich waren die Ansprüche des Anwenders über lange Jahre durch die geschlossenen Architekturen der DV-Hersteller abgedeckt, die ihre spezifischen Kommunikationsprotokolle im Sinne höchster Effizienz und mit einem Blick auf den eigenen Marktanteil entwickelt haben (vgl. Kap. 2).

Unter dem Eindruck der neu aufstrebenden Kommunikationstechnologien und der damit verbundenen öffentlichen Diskussion auf Fachkongressen und in der Fachpresse hat sich die Haltung der Anwender **grundsätzlich** verändert.

Bestimmten noch in den 70er Jahren die Produkte die Lösungen, so werden in den 80er und 90er Jahren die geplanten Lösungen der Anwender die (eingesetzten) Produkte bestimmen.

Dies bedeutet für viele Hersteller eine gravierende Umorientierung, eine Öffnung ihrer Produktstrategien zum Markt, zu den Problemen des Anwenders. Die neuen LAN-Technologien und der sich daraus explosionsartig entwickelnde Markt für kommunikationsorientierte Produkte zwingen selbst größte DV-Hersteller zur Umgestaltung ihrer Systemkonzeptionen. Von diesem gewaltigen Umorientierungsprozeß profitieren die Anwender bereits heute.

So haben auch die bisherigen Arbeiten bei ISO und ECMA zu guten Ergebnissen geführt, die die Offenheit forcieren und dennoch den Gestaltungsspielraum der Hersteller wenig einschränken. Allerdings bleibt noch viel zu tun auf dem Weg zu kompatiblen Produkten.

4.4.1 DAS ISO – SCHICHTENMODELL – EIN VERGLEICHSMASSSTAB FÜR KOMMUNIKATIONSLÖSUNGEN

Die vielleicht bedeutendste Arbeit der ISO ist die Definition des **Schichtenmodells für offene Systeme** – für open systems interconnection (OSI). Damit wurde erstmals ein inzwischen international anerkanntes Modell geschaffen, an dem man Kommunikations-Architekturen vergleichen und beurteilen kann (Bild 30).

Das ISO-Referenz-Modell definiert in 7 Ebenen, welche Vereinbarungen zwischen zwei Kommunikationspartnern getroffen sein müssen, damit sie sich 'unterhalten und verstehen' können.

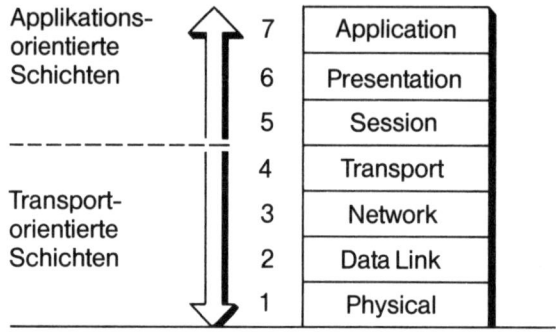

Bild 30: ISO-Referenzmodell

Zwei Applikationsprogramme (Ebene 7) können demnach dann Informationen miteinander austauschen, wenn zwischen ihnen folgendes festgelegt ist: die Darstellung der Information (Ebene 6); was und wie sie austauschen wollen (Ebene 5), ob die Information vollständig und die Verbindung gesichert ist (Ebene 4); wie die Information durch ein Netzwerk geleitet werden soll (Ebene 3); wie die Information über ein Medium gesichert übertragen werden soll (Ebene 2) und über welches physikalische Medium (z. B. Koaxialkabel) die Übertragung erfolgen soll (Ebene 1).

Mit der Ausgestaltung dieser Ebenen durch Protokollstandards und deren Implementierung kann ein Großteil der Problemstellungen gelöst werden, die im Rahmen der Kommunikation zwischen zwei Systemen auftreten. Zwei Besonderheiten seien noch erwähnt: das OSI-Modell legt nicht die Art der technischen Implementierung fest, sondern definiert Bezugspunkte ('Reference-Model'), um eine geordnete Spezifikation von Protokollen für die Kommunikation zwischen Systemen unterschiedlicher Architektur zu erreichen; jede höhere Schicht bedient sich der Dienstleistungen der untergeordneten Schicht, um einen höherwertign Dienst zu erbringen.

Dies bedeutet z. B. für die Gestaltung der Local Area Networks, daß eine Systemarchitektur entwickelt werden kann, die offene Transport Services (Ebene 4) unabhängig davon erbringt, welche physikalischen Transportmedien und Zugriffsverfahren verwendet werden (vgl. die Vorstellung des Produktes Net/One Kap 4.3.1).

'Offen' im Sinne des ISO-Schichtenmodells sind also solche Systeme, die über eine Schichtung der Software im Sinne von OSI verfügen und deren Kommunikationsprotokolle zu von ISO geregelten Diensten gehören. Über diese 'Offenheit' verfügen heute nur wenige realisierte Systeme.

4.4.2 LAN STANDARDISIERUNG

Mit der Spezifikation von LAN-Protokollen befassen sich bei IEEE und ECMA mehrere Gruppen, um im Sinne des ISO-Schichtenmodells die einzelnen Layer auszufüllen.

Die Arbeiten der 'working groups' konzentrieren sich auf folgende Themen:

IEEE	ECMA
802.1 High Level Interface	
802.2 Logical Link Control	82
802.3 CSMA/CD-Bus	80/81
802.4 Token Passing Bus	90
802.5 Token Passing Ring	89
802.6 Metropolitan Area Network	

Tabelle 6: Arbeitsgruppen bei IEEE und ECMA.

In den meisten Fällen liegen die Arbeitsergebnisse von IEEE und ECMA der ISO als Vorschlag zur Standardisierung vor:

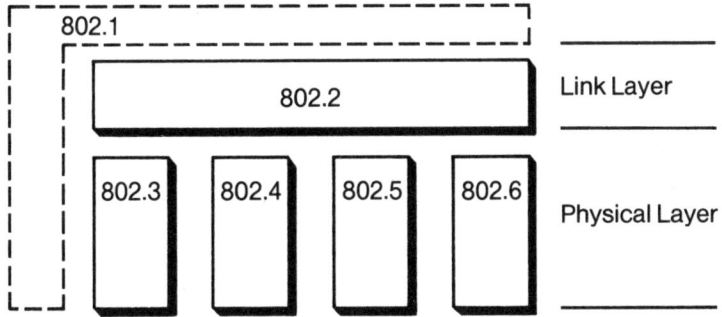

Bild 31: IEEE 802 Standards

Bild 31 zeigt, daß sich die Bemühungen um LAN-Standardisierung derzeit auf die Ebenen 1 und 2 des ISO-Modells konzentrieren. Auf der physikalischen Ebene werden mehrere Verfahren und Topologien als 'Standards' zugelassen. Dies bedeutet für den Anwender, daß er auch in Zukunft unter verschiedenen Verfahren wählen kann (muß). Vom technischen Standpunkt ist dies durchaus sinnvoll, da die verschiedenen Verfahren und Topologien nicht gleichwertig sind und so Herstellern und Anwendern die Möglichkeit gegeben wird, die Systeme bestimmten Einsatzfeldern optimal anzupassen.

Die LAN-Verfahren CSMA/CD-Bus, 'Token Passing Bus' und 'Token Passing Ring' dürfen bereits als standardisiert betrachtet werden.

Schon ab Ebene 2 des Schichtenmodells (Data Link Layer) wird die Physik des unterlegten LAN-Verfahrens unsichtbar, d. h., höhere Schichten, die z. B. bestimmte Verbindungsservices bereitstellen, brauchen nicht zu wissen, über welche LAN-Verfahren die Übertragung erreicht wird.

Bei konsequenter Fortsetzung dieser Design-Philosophie wird es möglich, verschiedene LAN's miteinander zu verbinden und übergreifende, durchgehende Transportservices zu erhalten. Über die Spezifikation der Schicht 3 wird zur Zeit intensiv diskutiert, um insbesondere die Probleme zu lösen, die bei der Verbindung unterschiedlicher LAN's oder bei der Verbindung von LAN's mit öffentlichen Netzen entstehen (LAN als verteiltes Endsystem am öffentlichen Netz oder LAN als Teilnetz eines offenen globalen Netzes). Die Spezifikation der Protokolle der Schicht 4 ist weitgehend abgeschlossen.

Wenn ein LAN-System funktionieren soll, muß dessen Betriebssystem die Mächtigkeit der Ebenen 1 – 7 umfassen. So entsprechen z. B. die in Kapitel 4.2.2 angesprochenen LAN-Services folgenden ISO-Schichten:

Datagram Service	Layer 2
Virtual Circuit Service	Layer 4
Command Mode	Layer 5
File Transfer Service	Layer 7
Administration und Management	Layer 7

Da für die Layer 5 – 7 noch keine gültigen Spezifikationen vorliegen, haben die Hersteller heute verfügbarer LAN-Systeme diese Schichten entweder in Anlehnung an das ISO-Modell oder völlig unabhängig davon ausgestaltet.

Herstellern, die ihre Systemarchitekturen bereits heute im ISO-Sinne 'geschichtet' haben, wird es relativ leicht fallen, existierende Standards der Ebenen 1, 2, 4 und 5 und zukünftige Standards der Ebenen 3, 6 und 7 nachträglich zu implementieren.

4.4.3 'OFFENE KOMMUNIKATION'

Der Ausdruck **'offene Kommunikationssysteme'** wurde von der ISO geprägt und ist in der Fachwelt zu einem der am häufigsten verwendeten Begriffe geworden. Allerdings wird er in so unterschiedlicher Weise interpretiert, daß im folgenden darauf eingegangen werden soll, in welchem Sinne Systeme und insbesondere LAN's 'offen' sind.

Unter 'offener Kommunikation' versteht man die Fähigkeit von Systemen verschiedener Hersteller und Architekturen, Informationen nach vereinbarten (standardisierten) Prozeduren miteinander auszutauschen und diese interpretieren zu können. Verschiedenartige, dedizierte Systeme sollen dabei **gemeinsam** eine Aufgabe bewältigen.

Es liegt auf der Hand, daß diese Zielsetzung für LAN-Architekturen von ganz besonderer Bedeutung ist, da LAN's per Definition die Kommunikation zwischen Systemen unterschiedlicher Art herbeiführen wollen bzw. verteilte, dezentralisierte Systemarchitekturen realisieren. Die Hersteller infrastruktur- und anwendungs-orientierter LAN's bemühen sich deshalb, ihre System soweit 'offen' zu halten, wie dies nach dem Stand der Technik und Standardisierung möglich ist.

Prinzipiell ist ein System um so 'offener', je konsequenter es

– nach der ISO Schichtenarchitektur gestaltet ist und bereits spezifizierte Protokolle implementiert sind

– weltweit akzeptierte 'Industrie-Standards' berücksichtigt und entsprechende Schnittstellen incorporiert bzw. offenlegt

– selbst bei geschlossener, herstellerspezifischer Architektur entsprechende Gateway-Funktionen zum Übergang in andere (standardisierte) Architekturen zur Verfügung stellt.

Speziell die Anwender verbinden mit dem Begriff 'offen' die Erwartung, daß Local Area Networks in der Lage sein müssen, möglichst viele der vorhandenen

Systeme anschließen zu können und möglichst alle Arten der Information zu integrieren.

Die Hersteller **infrastruktur-orientierter LAN's** bieten deshalb die **Breitband-Lösungen,** da diese **sämtliche Informationsformen leicht und nach dem heutigen Stand der Technik problemlos** integrieren können (dies gilt auch für Sprache, obwohl sich entsprechende Lösungen bis heute aus wirtschaftlichen Überlegungen nicht durchgesetzt haben). Zudem rüsten sie ihre Systeme mit einer breiten Palette (de facto) standardisierter Schnittstellen aus und geben ihnen zusätzlich die Möglichkeit individueller Programmierung (vgl. in Kap. 4.3.1 das Produkt-Beispiel Net/One).

Die Hersteller, die hochleistungsfähige, dezentralisierte, aber geschlossene Konzepte auf den LAN-Übertragungsverfahren aufsetzen, geben ihren Systemen über sogenannte 'Kommunikationsserver' die notwendige Offenheit (vgl. in Kap. 4.3.2 das Produkt-Beispiel NS 8000).

5. DER EINSATZ VON LOCAL AREA NETWORKS IM UNTERNEHMEN

Mit der anhaltenden Diskussion um die modernen Kommunikationstechnologien setzt sich die Erkenntnis durch, daß **Information** für jedes Unternehmen ein gleichrangiger **Produktionsfaktor** neben Material, Personal, Kapital und Energie ist. Es ist eine sehr anspruchsvolle und nicht nur technische Aufgabe, im Unternehmen die jeweils richtige Information dann bereit zu stellen, wenn sie benötigt wird. Die Verfügbarkeit relevanter (und nicht redundanter!) Information hilft, die Effizienz der Arbeitsprozesse zu verbessern und falsches (nicht marktgerechtes) Verhalten zu vermeiden.

Informationsform	lokal	unternehmensweit	nach außen
Sprache	Nebenstellen-anlagen	Nebenstellenanlagen und Fernmeldenetz	
Daten	DV-Daten-Netze	NStA und Modems, Datex-Netze, HfD	Datex-Dienste
Text	- - - Hauspost	Telex Teletex Briefpost	Telex Teletex Briefpost
Festbild	- - - Hauspost	Telefax Briefpost	Telefax Briefpost
Bewegtbild	Videonetze	- - -	- - -

Tabelle 7: Gegenwärtige Nutzung von Netzen und Diensten zur Abwicklung der Kommunikation eines Unternehmens

Für den Transport und die Verarbeitung von Informationen nutzen die Unternehmen bereits heute differenzierte Dienste und Techniken, wenn sich auch der größte Teil der heute miteinander ausgetauschten Information auf Sprach- und Briefkommunikation abstützt.

Tabelle 7 gibt eine Übersicht, in welcher Art und Weise die Unternehmen gegenwärtig ihre Kommunikation im lokalen Bereich, unternehmensweit und nach außen abwickeln.

Im **lokalen Bereich** dominieren die Datennetze der DV-Hersteller (z. B.: IBM-SNA oder Siemens-Transdata) und die Möglichkeiten der (analogen) Nebenstellenanlagen für die Sprachkommunikation.

Andere Formen (Texte, Festbild) werden fast ausschließlich per Hauspost übertragen. Die Videonetze sind meist Spezialnetze zur Überwachung im lokalen Bereich.

Unternehmensweit stützt sich die Sprachkommunikation und ein Teil der Datenkommunikation auf die Nebenstellentechnik und das öffentliche Fernmeldenetz ab. Größere Datenvolumen zwischen den einzelnen Niederlassungen der Unternehmen werden über die Datex-Netze oder festgeschaltete Leitungen (HfD) der Bundespost ausgetauscht. Soweit es sich bei Text und Festbildern um interne Kommunikation handelt, werden in **Ermangelung geeigneter Inhouse-Dienste und - Systeme** die öffentlichen Dienste Teletext bzw. Telefax benutzt; die Hauptlast liegt jedoch auch hier bei der Briefpost. Unternehmensweite Videokommunikation ist kaum möglich – im wesentlichen durch das Fehlen geeigneter Transportdienste im öffentlichen Bereich begründet.

Nach außen wickelt ein Unternehmen seine Kommunikation fast ausschließlich über die öffentlichen Dienste – Fernmelde, Telex, Teletex, Telefax und Briefpost – ab. Bewegtbild-'Kommunikation' gibt es nicht, wenn man von möglichen Werbespots im Fernsehen in diesem Zusammenhang absieht.

Richtig eingesetzt können die modernen Inhouse-Kommunikationssysteme den unternehmensinternen Informationsfluß und die unternehmensinterne Informationsverarbeitung dadurch verbessern, indem sie

- **die Mitarbeiter direkt oder indirekt erreichbar machen**

- **die im Unternehmen vorhandenen Informationen (Ressourcen) verfügbar machen**

- **die partielle Unterstützung der Arbeitsprozesse durch isoliert arbeitende Systeme aufheben und durch im Verbund arbeitende Systemlösungen und kontinuierliche Unterstützung ersetzen.**

Um den richtigen Einsatz geeigneter Kommunikationssysteme zu bestimmen, muß in jedem Unternehmen zunächst eine Analyse der existierenden Informationseinflüsse vorgenommen werden. Diese Kommunikationsanalyse wird um so bessere Ergebnisse liefern, je eindeutiger sie sich an dem originären Verlauf der Arbeitsprozesse orientiert und je weniger sie durch Restriktionen bereits eingesetzter Produkte und Lösungen belastet ist.

Im Ergebnis liefern solche Analysen die Aussage, an welcher Stelle und durch welche technischen Maßnahmen die Kommunikation und die Verarbeitung von Information verbessert werden kann. Prinzipiell wird sich diese Aussage auf die Verbesserung

- **der Infrastruktur und**
- **der Applikationen**

beziehen. Hierzu leisten die **Local Area Networks** durch ihre

- **Infrastruktur-Orientierung und**
- **Applikations-Orientierung**

den vom Anwender gewünschten Beitrag, **indem sie den Aufbau unternehmensweiter Infrastrukturen und darauf basierender Applikationen ermögliche. LAN- und PABX-Lösungen sind in diesem Zusammenhang nicht äquivalent,** da sie sich grundsätzlich in dem Grad systemimmanenter 'Intelligenz' und der durch unterschiedliche Zielsetzung vorgegebenen systemtechnischen Orientierung unterscheiden:

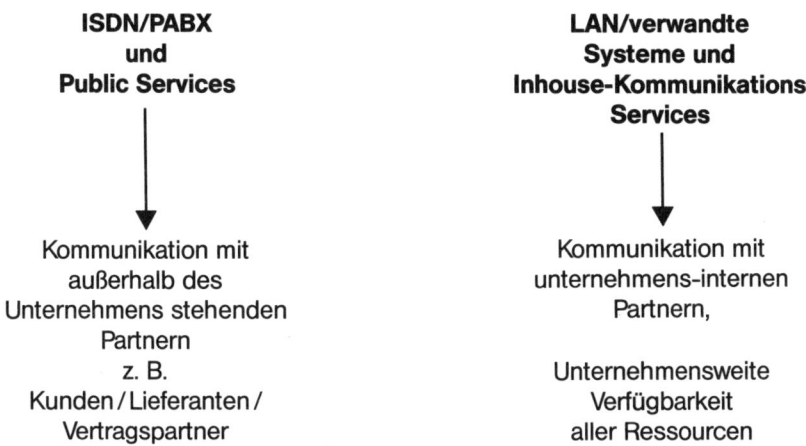

**ISDN/PABX
und
Public Services**

**LAN/verwandte
Systeme und
Inhouse-Kommunikations
Services**

Kommunikation mit
außerhalb des
Unternehmens stehenden
Partnern
z. B.
Kunden / Lieferanten /
Vertragspartner

Kommunikation mit
unternehmens-internen
Partnern,

Unternehmensweite
Verfügbarkeit
aller Ressourcen

Durch die weitere Diversifikation der Systeme können Local Area Networks in verschiedenen Bereichen eines Unternehmens zur Unterstützung unterschiedlichster Anwendungen eingesetzt werden.

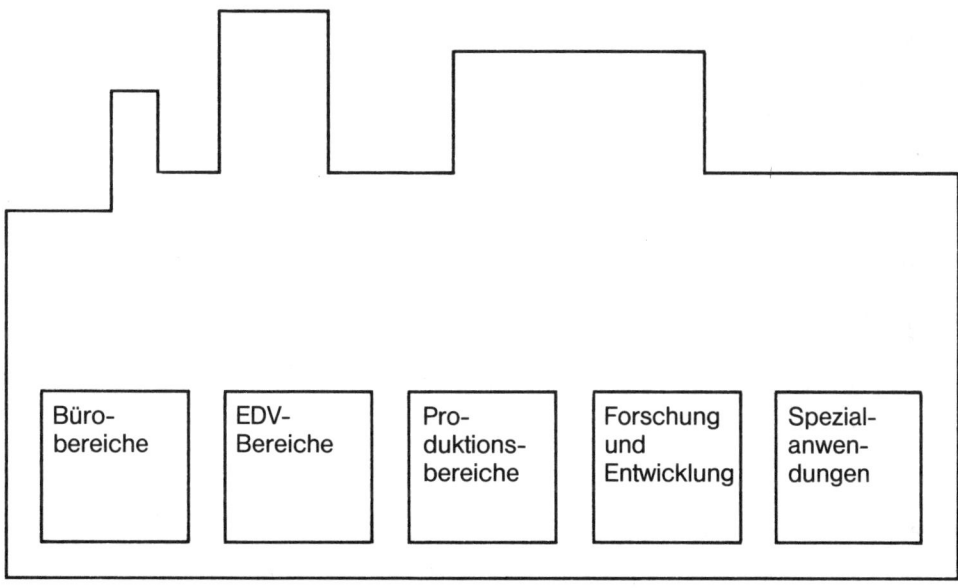

| Büro-
bereiche | EDV-
Bereiche | Pro-
duktions-
bereiche | Forschung
und
Entwicklung | Spezial-
anwen-
dungen |

Bild 32: Einsatzbereiche von LAN's im Unternehmen

In den **Bürobereichen** besteht der Bedarf zur Verarbeitung **sämtlicher Informationsformen,** die in **Sprach-, Bild-, Ton-, Daten- und Text-Dokumenten** artrein oder gemischt festgehalten werden müssen. Dazu ist eine Vielzahl hochwertiger und intelligenter Geräte erforderlich, die nach Möglichkeit nicht jeweils ihre eigene Kommunikations-Infrastruktur nach sich ziehen sollten. Da die Bürobereiche den 'Umschlagplatz' zwischen nach innen und nach außen gerichteter Kommunikation darstellen, kommt der Schaffung **funktionaler Übergänge zwischen Inhouse-Kommunikationsservices und Public Services** große Bedeutung zu (z. B. Textverarbeitung – Electronic Mail – Teletex – Bild-schirmtext).

Maßgeschneiderte Applikationen auf dedizierten Großcomputern – das ist die Situation im **EDV-Bereich.** Der bisherige Weg, Kommunikation zwischen Applikationsprogrammen herzustellen, indem mehr und mehr Programme auf einem Großcomputer implementiert und vorhandene Computer durch noch größere ersetzt werden, **führt zwangsläufig in eine Sackgasse.** Zudem zieht die damit verbundene Erweiterung der Terminalnetze Belastungs- und Verkabelungsprobleme nach sich.

In diesem Bereich eignen sich besonders infrastruktur-orientierte LAN's mit hohen Übertragungsgeschwindigkeiten, 'offenen' Schnittstellen und ausgeprägten Verbindungsservices, um Computer mit Computern, 'Peripheriegeräten' (Drucker, Plotter, Terminals) oder zentralen Datenbanken ('shared resources') zu verbinden.

Im **Produktionsbereich** müssen realzeit-orientierte Anwendungen beherrscht werden. Die Situation ist hier durch den Übergang von der Teil- zur Vollautomation gekennzeichnet. Dies bedeutet, daß Produktionssteuerung, Materiallogistik und zuzuordnende Finanzberechnungen in einen kommunikativen Verbund entwickelt werden müssen. Infrastruktur-orientierte LAN's mit der Fähigkeit zur Echtzeit-Übertragung und Video (Produktionsüberwachung) sind hier besonders geeignet, um verschiedenartigste Systeme und Computer miteinander verbinden zu können. Glasfaser-LAN's erfüllen die Anforderungen nach besonderer Störsicherheit in diesem Bereich.

Im Bereich **Forschung und Entwicklung** kommen ebenfalls sehr verschiedene Systeme zum Einsatz, die an die Kommunikationslösungen teilweise besondere Anforderungen stellen (z. B. CAD/CAM). Installationen (gleichartiger) LAN's über die im Unternehmen verteilten Labore und Abteilungen können die Ressourcen für hier arbeitende Ingenieure und Techniker unternehmensweit verfügbar machen. Es liegt auf der Hand, daß dies zu einer bedeutenden Effizienzsteigerung führt, wenn Programme/Daten/Erfahrungen innerhalb von Sekunden zwischen den Forschungs- und Entwicklungsabteilungen ausgetauscht werden können. Die dazu notwendigen LAN's müssen ebenfalls infrastruktur-orientiert und besonders änderungsfreundlich sein.

Darüberhinaus gibt es viele spezielle LAN-Einsatzmöglichkeiten, die sich nur schwer oder gar nicht den angesprochenen Bereichen zuordnen lassen. Hierunter fällt z. B. auch der übergreifende Aufbau eines LAN's als **'Unternehmens-Kommunikationsschiene',** auf die an jeder Stelle beliebige Signale in analoger und digitaler Form ein- oder ausgekoppelt werden können. Erwähnenswert sind ferner die Netze für Spezialzwecke, z. B. Sicherheitsüberwachung, TV-Verteilung, Gefahrenmeldung usw., bei denen per Definition kein Interesse zur Integration mit anderen Trägersystemen besteht.

5.1 BESONDERE PROBLEMSTELLUNGEN

Die in der allgemeinen Diskussion verwendeten Begriffe **Inhouse-Kommunikation** und **Local Area Networks** sollten nicht den Blick dafür verstellen, daß es in jedem Fall um Lösungen für die **unternehmensinterne** und **unternehmensweite Kommunikation** geht. Bild 33 soll dies veranschaulichen.

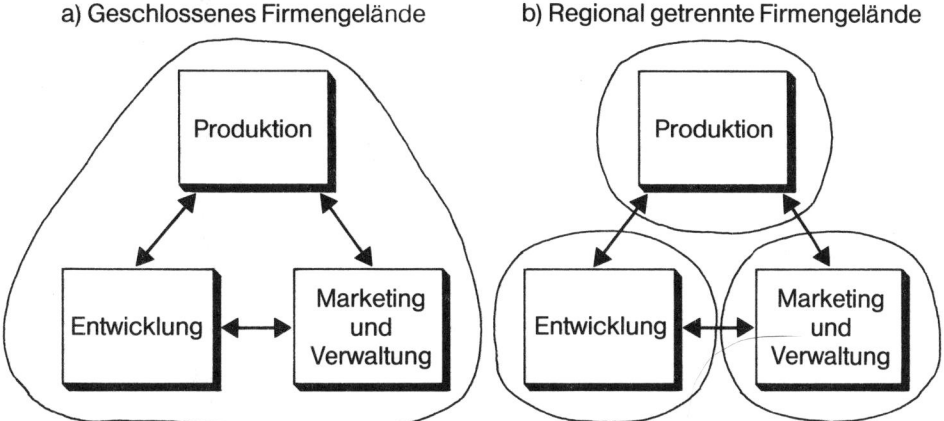

a) Geschlossenes Firmengelände   b) Regional getrennte Firmengelände

Bild 33: Inhouse-Kommunikation eines Unternehmens

Im Fall a) wird angenommen, daß alle Gebäude eines Unternehmens auf einem in sich geschlossenen – privaten – Firmengelände liegen. In diesem Fall kann ein physikalisch durchgehendes Local Area Network installiert werden, wenn dessen Zugriffsverfahren eine entsprechende Dimensionierung zuläßt.

Fall b) zeigt die Verteilung eines Unternehmens über mehrere lokal, regional, national oder international getrennte Firmengelände. Diese Vorstellung schließt die sogenannten Außenstellen eines Unternehmens mit ein. Hierbei können in den einzelnen Niederlassungen LAN's installiert werden, die über entsprechende Bridges ein **logisch durchgehendes Netz zur unternehmensweiten Kommunikation bereitstellen.** Die Wirkung solch umfassender LAN-Installationen ist ähnlich wie im Fall a): jeder Mitarbeiter ist unternehmensweit so erreichbar, als befände er sich auf einem lokal in sich geschlossenen Firmengelände. Diese Betrachtungsweise gilt analog für den Zugriff auf Ressourcen.

Die Kopplungen zwischen regional getrennten LAN's über Remote-Bridges benutzen die Netze und Dienste der nationalen Postverwaltungen. Es wäre falsch anzunehmen, diese Verbindungen müßten dieselben Geschwindigkeiten bzw. Bandbreiten bereitstellen, wie sie auf den Trägermedien der verwendeten LAN's existieren (vgl. Kap. 4.2.4).

Die **Postnetze** und **-Dienste** sind daher **unerläßliche Voraussetzung** für unternehmensweite Kommunikationslösungen, **aber sie bestimmen sie nicht.** Im besten Fall werden solche Lösungen ermöglicht und unterstützt, im schlechtesten Fall eingeschränkt oder gar verhindert. Fernmelderechtliche Probleme in diesem Zusammenhang lassen sich beherrschen.

Unabdingbare Voraussetzung für den Ausbau der Kommunikation im Unternehmen ist der Aufbau einer umfassenden, über Abteilungen und Gebäude hinausgehenden Infrastruktur. Die im folgenden skizzierten Probleme zeigen, daß ein solcher Ausbau ohne mittelfristige Planung und Untersuchung der Eignung eingesetzter Systeme nicht denkbar ist.

Als Folge der 'gewachsenen Lösungen' treten in den meisten Unternehmen die sogenannten **Verkabelungsprobleme** auf. Sie sind durch die vielen, **inkompa-**

tiblen Systeme bedingt, die jeweils ihre eigene Verkabelungsstruktur nach sich ziehen. Hier sind insbesondere die Terminalnetze der Groß-EDV anzusprechen. Bild 34 zeigt eine heute typische DV-Netzkonstellation. Diese Lösungen sind gegenüber heute möglichen LAN-Lösungen derart inflexibel, daß bei einer Bewegung eines Terminals das betreffende Kabel mit verändert werden muß (sogenanntes Umzugsproblem). Große Unternehmen haben daher eigene Abteilungen, die damit beschäftigt sind, die Kabelstrukturen der ständigen Umorientierung verschiedener Abteilungen anzupassen. Die Möglichkeit, immer neue Kabel in vorhandene Schächte einzuziehen stößt denn auch bald an enge Grenzen. Dazu kommt ein Problem aus der Baustatik, weil die Kabelführungen oftmals in Zwischendecken aufgehängt sind, die nur eine bestimmte Gewichtsbelastung tragen können. Weiteren Ausbauplänen stehen deshalb nicht selten Bedenken bezüglich der Gebäudesicherheit entgegen.

Trotz ihrer Trivialität sollten die ernsten Probleme, die vielen Unternehmen durch den Ausbau von Terminalnetzen entstehen, nicht unterschätzt werden. Die sternorientierte Terminalverkabelung in separaten Netzlösungen zeigt eindeutig keinen Wachstumspfad auf. Schon aus diesem Grunde werden die DV-

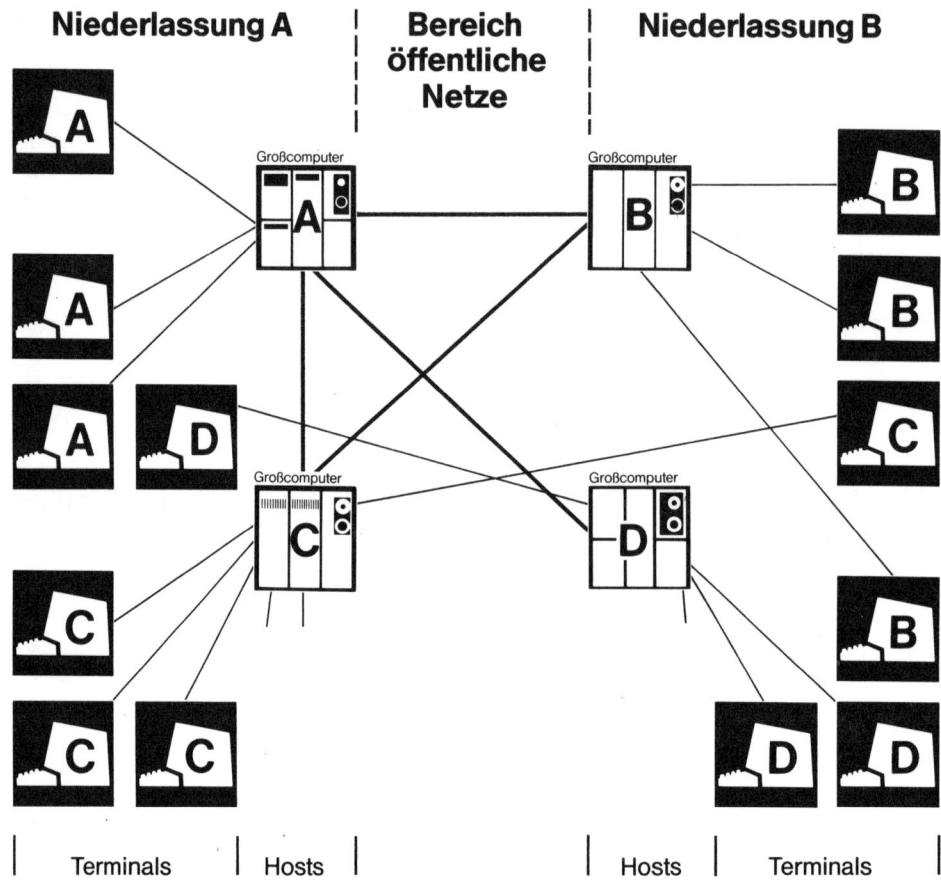

Bild 34: Typische unternehmensweite DV-Netz-Struktur

Hersteller gezwungen sein, ihre Systemkonzeptionen zu ändern und eine andere Art der Anbindung ihrer Terminals an die Großcomputer zu finden; insbesondere aber mehr Flexibilität in diesen Lösungen zur Verfügung zu stellen. Es ist für jedes Unternehmen unzumutbar, daß die in der nahen Zukunft benötigten und verwendeten internen und externen Kommunikationsdienste zu einer jeweils eigenen Verkabelungsstruktur im Unternehmen führen. Zudem gehen die in Kupferkabel investierten Mittel nicht selten in die Größenordnung mehrerer hundert Millionen Mark.

Eng verknüpft mit den Verkabelungsfragen ist das Problem des sogenannten **Terminal-Switching.** Die extensive Unterstützung der Arbeitsprozesse im Unternehmen durch verschiedenartige DV-Lösungen zieht eine Vielzahl unterschiedlicher Terminaltypen nach sich, die im Grunde von einem Arbeitsplatz eines Mitarbeiters bedient werden müßten. Es steht außer Zweifel, daß derartige Lösungen nicht nur technisch unsinnig sind, sondern die Grenze des von einer Firma zu leistenden Investments pro Arbeitsplatz übersteigen und es außerdem einem Mitarbeiter nicht zugemutet werden kann, sich an die unterschiedlichen Benutzeroberflächen der verschiedenen DV-Systeme zu gewöhnen. Hier zeigt sich deutlich, daß den **zentralistischen Systemarchitekturen der Groß-EDV** nicht nur **technische,** sondern insbesondere aus der Einbettung dieser Systeme in die Unternehmensstruktur **faktische Grenzen** gesetzt sind, die nur durch eine Umstellung der gesamten DV-Lösungen auf dezentralorientierte Konzepte überwunden werden können. Nicht nur die Datenverarbeitungsanlagen, sondern auch die Kommunikationsdienste der Bundespost fordern ja ein bestimmtes, dediziertes Endgeräteprofil. Einen Ausweg aus dieser Situation bieten nur hochintelligente, multifunktional integrierte Endgeräte, die – und das ist wesentliche Voraussetzung – über ein **hochflexibles Vermittlungsmedium (LAN und PABX) wahlweise und bedarfsorientiert** zu den unterschiedlichen DV-Systemen, internen und externen Kommunikationsdiensten oder ganz einfach zu den Arbeitsplatzstationen anderer Mitarbeiter umgeschaltet werden können.

Ein entsprechend flexibles Vermittlungsmedium, das die feste Zuordnung zwischen Endgeräten und Computern bzw. Computern und Peripheriegeräten wie Dateiservern, Druckern usw. aufhebt, erlaubt grundsätzlich die Mehrfachausnutzung teurer Peripheriegeräte und führt damit zum sogenannten '**Resource-Sharing**'.

Da die Investitionskosten je Arbeitsplatz, insbesondere im Bürobereich, in den nächsten Jahren überproportional ansteigen werden, ist dies ein Mittel, diesen Kostenanstieg zu begrenzen. Hochwertige Geräte sollten von verschiedenen Benutzergruppen gemeinsam genutzt werden. Dadurch werden die Funktionalität pro Arbeitsplatz und Abteilungsprivilegien aufgehoben (z. B. nur Abteilung xy verfügt über einen Schönschreibdrucker).

Die Erreichbarkeit verschiedener Computer von dem Terminal eines Arbeitsplatzes aus wird schon einen erheblichen Zuwachs an Effizienz bringen, da dies bedeutet, daß ein Mitarbeiter Zugriff auf unterschiedliche Anwendungen hat und diese zur Unterstützung seiner Arbeit benutzen kann. Eine noch weitergehende Effizienzsteigerung kann dadurch erreicht werden, daß die Computer, auf denen die verschiedenen Applikationen residieren, aus eigener Initiative Informationen miteinander austauschen können. Damit würde eines der unangenehmsten Probleme der EDV-Lösungen beseitigt werden: das Aufsuchen gewisser Parameter aus Bergen von Computerlisten, die ihrerseits als Eingansdaten für andere Applikationen benötigt werden und daher nochmals manuell für eine andere Applikation erfaßt werden müssen.

Erst die Beseitigung dieser grundsätzlichen Probleme schafft die Voraussetzung für die Nutzung interner und externer Kommunikationsdienste; der Nutzen aus Kommunikationslösungen entsteht gerade nicht durch die Schaffung individueller Anpassungen und singulärer Lösungen, sondern durch eine möglichst breit gefächerte Einbeziehung vieler Arbeitsplätze und unterschiedlichster (DV-)-Applikationen im Sinne des Bildes 35.

5.2 LÖSUNGSANSÄTZE DURCH LAN'S

Unter Einbeziehung von LAN's und assoziierten Inhouse-Kommunikationsservices kann sich die Situation wie in Tabelle 8 dargestellt verändern:

Informationsform	lokal	unternehmensweit	nach außen
Sprache	Nebenstellen-anlagen	Nebenstellenanlagen und Fernmeldenetz	
Daten	DV-Daten-Netze LAN's	Datex-Netze HfD, LAN-Bridges	Datex-Dienste
Text	LAN's/ Electronic Mail	Telex, Teletex Electronic Mail	Telex, Teletex Electronic Mail
	(Hauspost)	(Briefpost)	Briefpost
Festbild	LAN's	Telefax	Telefax
	(Hauspost)	Briefpost	Briefpost
Bewegtbild	LAN's (Video-Netze)	LAN's Videokonferenz	- - - Videokonferenz

Tabelle 8: Abwicklung der Kommunikation unter Einbeziehung von LAN's

Mit Ausnahme der Sprach- und der nach außen gerichteten Kommunikation **unterstützen die LAN's die Übertragung von Daten, Text, Festbild und Bewegtbild.** Sie können daher als Träger dieser Informationsformen im lokalen Bereich und für die unternehmensweite Kommunikation angesehen werden.

Im **lokalen** Bereich kann durch die LAN's die Datenübertragung vollständig, die Text- und Festbildübertragung zum großen Teil übernommen werden. Der Verdrängungsgrad der heute üblichen 'Hauspost' hängt weitgehend vom Komfort und der Verfügbarkeit inhouse-bezogener **'Electronic Mail Services'** und di-

68

rekt vom Grad des Ausbaus der Kommunikationsinfrastruktur ab. **Video-Kommunikation** im Sinne bidirektionaler lokaler Bewegtbildübertragung wird durch die Breitband-LAN's problemlos möglich. Die speziellen Video-Überwachungs-Netze können koexistieren oder integriert werden.

Unternehmensweit stützen die LAN's die Kommunikation dadurch, daß sie alle Kommunikationspartner in einer logisch konsistenten Netzstruktur erreichbar machen (vgl. Kap. 4.2.4). Der Verdrängungsgrad öffentlicher Dienste als 'Bindeglied' zwischen den Unternehmensniederlassungen hängt direkt von der Entwicklung und Verfügbarkeit spezieller Inhouse-Kommunikationsservices ab (Electronic Mail usw.); je mehr Inhouse-Dienste verfügbar werden, desto mehr wird sich die unternehmensweite Kommunikation auf öffentliche **Netze** statt öffentliche **Dienste** abstützen. Der Anwender gewinnt dadurch mehr Freiheit von den Dienstleistungsstrukturen (insbesondere Kosten) der Bundespost. **Sein Interesse liegt im Rahmen der unternehmensweiten Kommunikation bei preiswerten, transparenten und schnellen Netzverbindungen, über die er 'seine' Communication Services transportieren kann.**

Die **nach außen** gerichtete Kommunikation stützt sich unverändert auf die Dienstleistungen der Bundespost ab. Dies ist und bleibt sinnvoll, da für die öffentliche Kommunikation die Kompatibilität der miteinander kommunizierenden Systeme weltweit gewährleistet sein muß. Der Anwender kann durch die zunehmende Digitalisierung und die Systementwicklungen für das ISDN einen weiteren Qualitäts- und Leistungszuwachs erwarten.

Die heute und auf absehbare Zeit verfügbaren LAN-Systeme eignen sich nicht, mit den Nebenstellenanlagen (PABX) in einen 'Wettbewerb' um die nach außen gerichtete Kommunikation zu treten. Sie sind (noch) nicht dafür ausgelegt, die Leistungsmerkmale der Fernmeldedienste (Sprache) umzusetzen.

Automatisch bildet sich aber aus den LAN-Anwendern eines bestimmten Typs (z. B. NS 8000 – Ethernet) eine große Familie, die weltweit miteinander kommunizieren kann. Hier entstehen Kommunikationswege, die sich nicht durch die 'Dienst-Philosophie' der Bundespost regeln lassen.

5.2.1 INFRASTRUKTUR-bezogene Lösungen

Tabelle 9 zeigt die Eigenschaften von LAN's im Vergleich zu anderen Infrastruktur-Komponenten. Mit Ausnahme der Sprache bieten **Local Area Networks heute die Integration analog und digital dargestellter Informationsformen** und Anpassungsmöglichkeiten an die dafür existierenden Systeme. Sie bilden im Infrastrukturbereich eine **topologische** und **funktionale** Alternative zu den Nebenstellenanlagen der 2. und 3. Generation.

Die Nebenstellenanlagen (PABX-Systeme) wandeln sich in den 80er Jahren von der analogen (2. Generation) zu einer vollständig digitalen Struktur und Übertragungsweise (4. Generation). Die 3. Generation stellt eine Übergangsform dar, die zwar einen digitalen Übertragungskanal von 64 Kbit/s, nicht aber die volle ISDN-Fähigkeit zur Verfügung stellt (2 x 64 Kbit/s + 16 Kbit/s Signalisierungskanal + Umsetzung aller ISDN-Merkmale). Bis weit in die 90er Jahre hinein muß mit der Existenz von Anlagen der 2. und 3. Generation gerechnet werden, da die installierten Systeme durch langfristige Mietverträge gebunden sind (i. a. 10 Jahre). Eine vorzeitige Auflösung dieser Verträge ist

Übertragung von		Nebenstellenanlagen			DV-Computer Netze	Local Area Network	Gateway Rechner
		2. Gen.	3. Gen.	4. Gen.			
Sprache	analog	optimiert	optimiert	möglich	– – –	möglich	– – –
	digital	– – –	möglich	optimiert	– – –	möglich	– – –
Daten	digital	möglich	optimiert	optimiert	optimiert	optimiert	optimiert
Text	digital	möglich	optimiert	optimiert	optimiert	optimiert	optimiert
Festbild	digital (unstruk- turiert)	möglich	optimiert	optimiert	einge- schränkt	optimiert	möglich
Bewegtbild (Video)	analog	– – –	– – –	– – –	– – –	optimiert	– – –
	digital	– – –	– – –	einge- schränkt	– – –	möglich	
Verfügbarkeit		heute	ab '85 (ISDN- Vorber.)	ab '90 (ISDN)	heute	heute	heute

Bedeutung: optimiert: systemtechnisch dafür ausgelegt (optimiert)
möglich: mithilfe von Anpassungs-, Übergangs-, Zwischenlösungen
eingeschränkt: nicht adäquate systemtechnische Lösung
– – – : nicht möglich bzw. nicht geeignet

Tabelle 9: Infrastrukturfähigkeiten von LAN's im Vergleich

zwar möglich, doch dürfte sich die Motivation der Anwender solange in Grenzen halten, bis eine neue Generation ISDN-fähiger Endgeräte entwickelt und zu wirtschaftlichen Kosten am Markt verfügbar ist. Die Ablösung der PABX-Systeme unter dem Einfluß der Realisierung des ISDN dürfte sich deshalb aus vielschichtigen Gründen sehr langsam bis weit in die 90er Jahre erstrecken. Unabhängig davon bleiben die digitalen Nebenstellenanlagen im Hinblick auf die Übertragung digital codierter Informationen nur **scheinbar äquivalent** mit den LAN's im Bereich der Daten-, Text- und Festbildübertragung. Ihnen fehlt im Vergleich zu den Local Area Networks die **systeminhärente 'Intelligenz'** in den Verbindungen, da sie sich weiterhin darauf beschränken, Leitungen – allerdings digital realisiert – zu vermitteln.

Jede zusätzliche Funktion muß durch Applikationsserver bereitgestellt werden, die um eine PABX-Anlage 'herum gruppiert' werden müssen. Für die Gestaltung der Applikationen bedeutet dies keinerlei Innovation – im Gegenteil, so lange sich die PABX-Systeme auf Leitungsvermittlung beschränken, führt dies zu einer **Renaissance der zentralistisch-orientierten Applikationskonzeptionen,** der nur durch die zunehmende Intelligenz in den Endgeräten entgegengewirkt wird.

Die DV-Computernetze werden sich unter dem Einfluß der LAN-Technologien verändern. Sie bleiben optimiert für Daten- und Textverkehr, werden sich allerdings durch die Incorporation der LAN-Übermittlungsverfahren zu sehr intelligenten Netzarchitekturen entwickeln.

Gateway-Rechner werden heute und in Zukunft ihre spezielle Funktion zur Anpassung verschiedener Systemarchitekturen behalten.

Wie wirkt sich der Einsatz von LAN's auf die bestehende Netz-Infrastruktur eines Unternehmens aus?

Bild 34 zeigte den heute typischen Aufbau einer DV-Netzstruktur. Verschiedene Großcomputer bedingen ihre eigenen Terminalnetze und damit ihre eigene Verkabelung. Die über Standleitungen verbundenen Hosts sind entweder gleicher Architektur (vom gleichen Hersteller) oder über speziell entwickelte Softwareanpassungen miteinander verbunden.

Die Nachteile dieser Lösungen sind offensichtlich: die feste Zuordnung zwischen Terminals und Computern erlaubt kein 'Umschalten' der Terminals auf andere Computer bzw. Applikationen; sie erfordert Neuverkabelung, wenn ein Terminal von einem Standort zum anderen verlegt wird; sie bedingt u. U. mehrere verschiedene Terminals an einem Arbeitsplatz und gestattet keinen Durchgriff zu Applikationen, die auf anderen Rechnern existieren.

Arbeitsplatzcomputer anderer Hersteller, Mikrocomputer, Personalcomputer, Textsysteme und die Endgeräte der Postdienste lassen sich in den meisten Fällen nicht in solche Netzarchitekturen integrieren. Sie werden deshalb in den Unternehmen heute separat eingesetzt. Diese Situation ändert sich **grundsätzlich,** wenn die Netzlösung nach Bild 34 ersetzt bzw. ergänzt wird durch eine **LAN-Lösung** entsprechend Bild 35.

Diese Lösung zeigt, wie in den verschiedenen Niederlassungen eines Unternehmens die vorhandenen Ressourcen zu einer unternehmensweiten Struktur zusammengefaßt werden können. Sie geht davon aus, daß in den betreffenden Örtlichkeiten **entsprechend mächtige, infrastruktur-orientierte LAN's** installiert sind, die ihrerseits über Bridges bzw. Gateways miteinander verbunden sind und so ein logisch konsistentes Gesamtnetz bilden. In den betreffenden Niederlassungen vorhandene Computer, Terminals, Arbeitsplatzsysteme usw. sind an diese LAN's angeschlossen.

Mit relativ geringen spezifischen Software-Entwicklungen läßt sich durch diese Anordnung folgendes erreichen:

a) bis auf Ausnahmen (sofern gewünscht) existieren keine festen Zuordnungen mehr, Verbindungen werden nach Bedarf zwischen beliebigen Systemen, Applikationen oder Kommunikationspartnern auf- und abgebaut;

b) die Zahl anschließbarer 'Teilnehmer' (Geräte) kann ohne Probleme auf einige Zehntausend ausgedehnt werden;

c) alle 'Teilnehmer' sind unter logischen Begriffen adressierbar, so daß ein Großteil der Benutzer an dem Netz arbeiten kann, ohne den genauen Standort des Kommunikationspartners bzw. der angewählten 'Ressource' kennen zu müssen;

d) bei Lastspitzen kann das Netzwerkmanagement – für den Benutzer unsichtbar – weitere Ressourcen 'freimachen bzw. aktivieren';

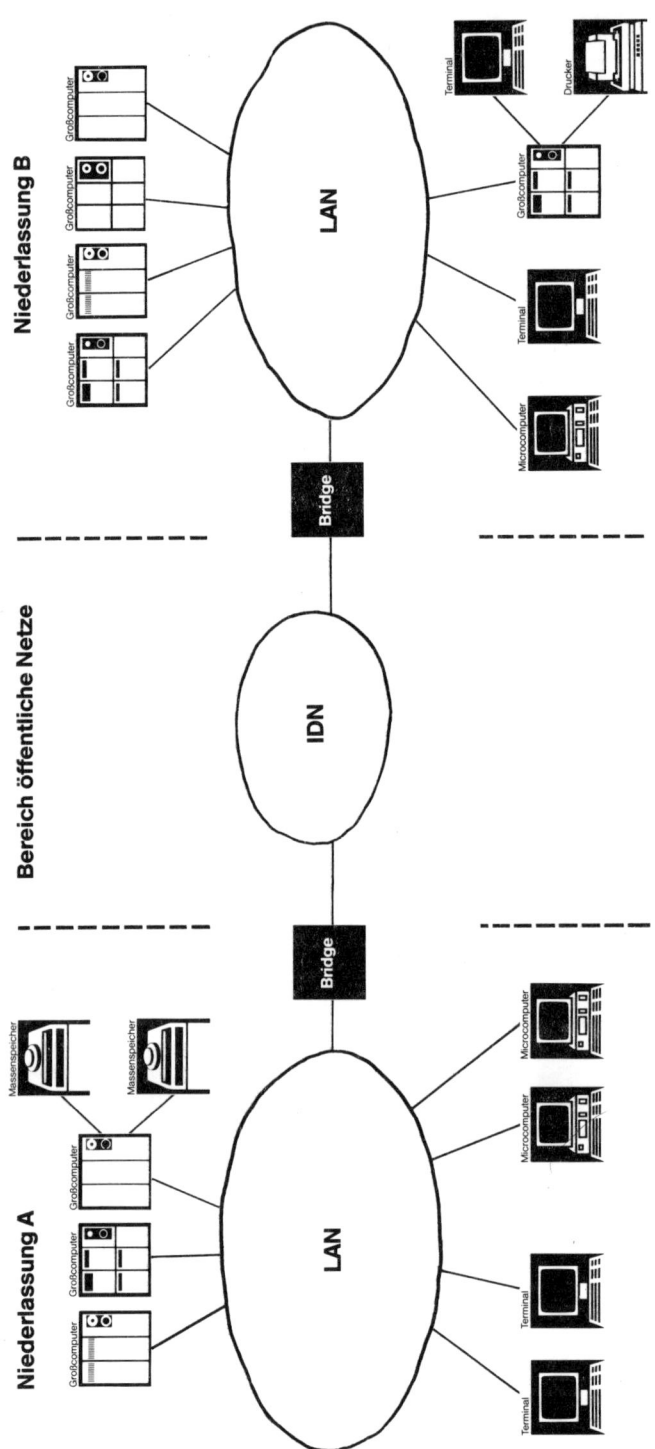

Bild 35: Bildung einer unternehmensweiten Netzlösung durch
Local Area Networks

e) im Sinne des Datenschutzes kann die ansonsten völlige Wahlfreiheit der Verbindungen entsprechend den Notwendigkeiten eingeschränkt und jederzeit verändert werden;

f) notwendige Anpassungen und Konvertierungen in Abhängigkeit von den gewünschten Verbindungen werden von der Netzintelligenz innerhalb des LAN's erbracht und belasten die angeschlossenen Endgeräte (fast) nicht;

g) Applikationsprogramme und Kommunikationsdienste (im LAN) können konsequent getrennt voneinander (weiter-)entwickelt werden;

h) unternehmensweit werden sämtliche Ressourcen – Systeme, Applikationen, Services, Mitarbeiter – verfügbar bzw. erreichbar; selbstverständlich können auch hier Zugriffsmöglichkeiten eingeschränkt werden.

Einer der bestechendsten Vorteile dieses **Infrastrukturkonzeptes** liegt in der **schrittweisen Ausgestaltungsmöglichkeit,** die im Rahmen eines **Investitions-Stufenplans** vorgenommen werden kann. Voraussetzung dafür ist eine mittelfristige Planung und eine langfristige Zielsetzung zur Entwicklung der unternehmensweiten Kommunikations-Infrastruktur. In ein solches Lösungskonzept eingebundene Systeme werden auf lange Zeit nicht 'überflüssig', da die durch Neuentwicklungen (z. B. multifunktionale Terminals) freigesetzten Geräte einfach in Anwendungen mit einem niedrigeren Anforderungsprofil weiter verwendet werden können. Hochentwickelte Geräte und Services können in diesem Konzept mit einfachen Geräten und Verbindungsservices **beliebig koexistieren.**

Solche LAN-Lösungen werden zweckmäßigerweise in die bestehende und sonstige Infrastruktur eines Unternehmens eingepaßt, wie in Bild 36 angedeutet. Durch die Verkopplung des LAN's mit PABX-Systemen, WAN (Wide Area Network)-Rechnern und die Einbindung entsprechender Applikationsserver entsteht eine hochflexible Kommunikations-Infrastruktur, die alle Bedürfnisse des Unternehmens abdecken kann. Im allgemeinen wird den tragenden Infrastrukturelementen folgende Bedeutung zukommen:

die PABX vermittelt als digitale Nebenstellenanlage alle ISDN-Dienste und bildet damit die Schnittstelle zwischen unternehmensintern und -extern gerichteter Information. Der PABX werden vorwiegend Server zugeordnet, die sprachbezogene (ISDN-)Services unterstützen;

das LAN verkoppelt alle Inhouse-Ressourcen und stellt diese unternehmensweit zur Verfügung. Dem LAN zuzuordnende Server unterstützen vorwiegend die Applikationen im Inhouse-Bereich; auf PABX- und DV-Netzen basierende Lösungen können bestehen bleiben oder werden sukzessive auf das LAN übertragen, je nachdem, welcher Netzträger **besser** geeignet ist;

der WAN-Knotenrechner dient als Gateway zu anderen Netzarchitekturen und zur Bildung eines speziellen Weitverkehrsnetzes bei großen überregionalen oder internationalen Netzen. Im allgemeinen werden die Infrastruktur-Komponenten LAN, PABX und WAN (Wide Area Network-Rechner) von verschiedenen Herstellern geliefert, die Gestaltung der Übergänge zwischen diesen Systemen (Gateways) obliegt daher dem Anwender. Nur wenige Hersteller bieten ein Konzept für die gesamte Infrastruktur; einer der wenigen Anbieter ist die Philips Kommunikations Industrie AG, die im Rahmen ihres SOPHOMA-

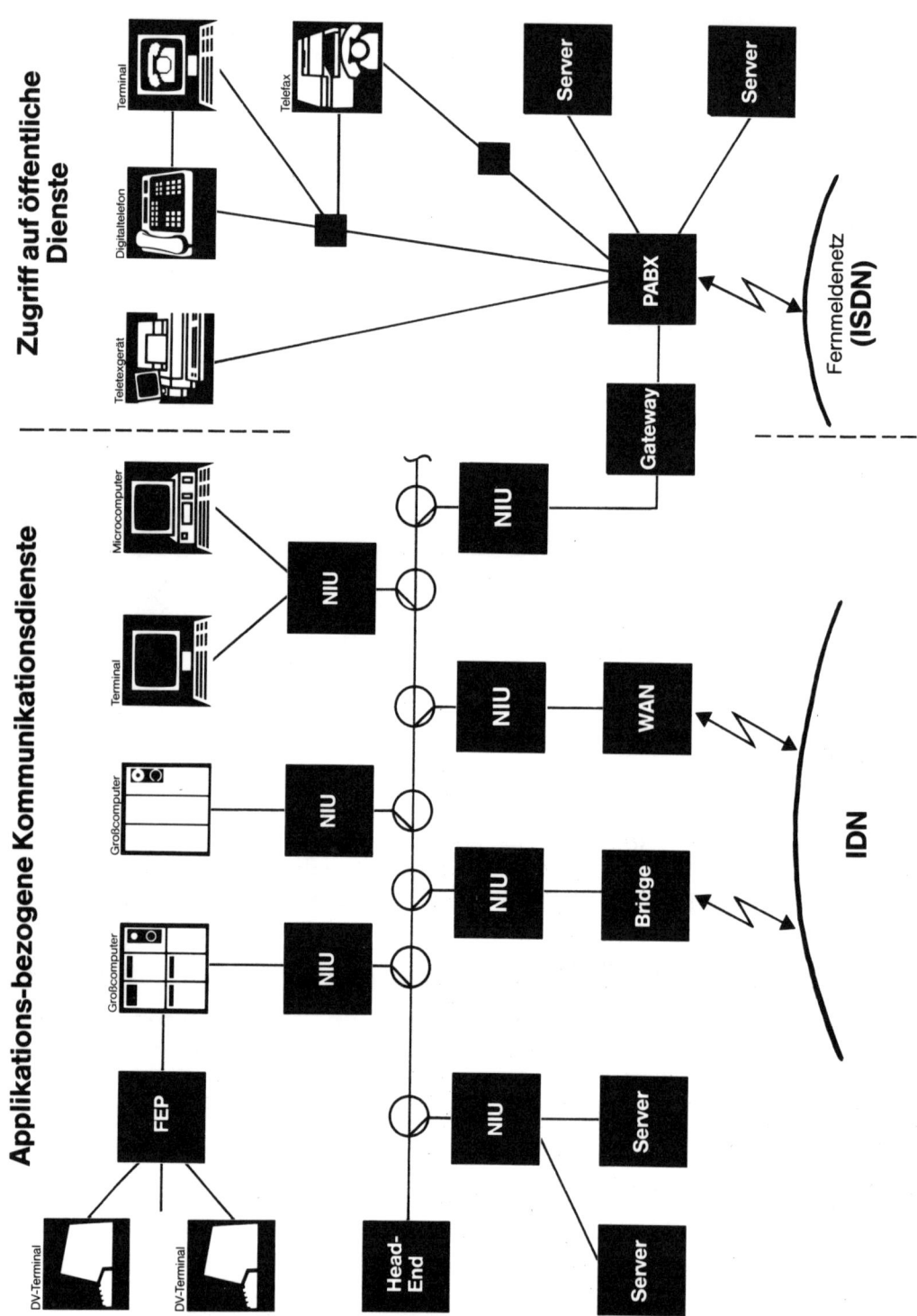

Bild 36: Einpassung der Komponenten einer umfassend-integrierten
Kommunikations-Infrastruktur

TION-Konzeptes LAN, WAN, PABX und Endgeräte sowie Kommunikationsdienste und Branchensoftware liefert.

Der Einsatz von WAN-Rechnern kann das Verhalten großer, überregionaler Netze entscheidend verbessern. Die speziell für Weitverkehrsverbindungen ausgelegten Knotenrechner können auf Lastspitzen dynamisch reagieren, Netze umkonfigurieren und durch Anpassung an die Verkehrs-Charakteristik Verbindungen über die öffentlichen Netze kostenoptimal 'steuern'.

Die Breitbandnetze decken durch ihr breitgefächertes Leistungsspektrum weite Bereiche der Anwendungen ab. Im Einzelfall kann ihr Leistungsprofil jedoch zu hoch sein. In kleineren Abteilungen bzw. Bürobereichen, in denen z. B. auf Video verzichtet werden kann, können preiswerte PC-Netze bzw. Basisband-LAN's dem Anforderungsprofil der Anwendungen genügen.

Auf der anderen Seite werden z. B. im EDV-Bereich zur Vernetzung verschiedener Hosts Hochgeschwindigkeitsnetze erforderlich, für die spezielle Basisbandverfahren am Markt verfügbar sind.

Ebenso stellt die Produktion in einigen Bereichen besondere Anforderungen an die Echtzeitfähigkeit und Störungsunempfindlichkeit von LAN's, deshalb bieten sich Glasfaser-Lösungen für diesen Bereich besonders an.

Es wäre eine **unüberlegte Forderung** an die LAN-Hersteller, diese unterschiedlichen Anforderungsprofile verschiedener Anwendungsbereiche mit einer einzigen Systemkonzeption abzudecken. Die Überfrachtung in der Systemgestaltung würde zu einem ungünstigen Kosten-/Nutzen-Verhältnis führen. Viel sinnvoller ist es daher, in den einzelnen Bereichen nach Bild 32 eines Unternehmens 'passende' LAN's zu installieren und diese miteinander über eine **lokale 'Kommunikationsschiene'** zu verbinden, die zweckmäßigerweise durch ein **Breitband-LAN** gebildet wird (vgl. Bild 37).

Durch eine solche Konzeption wird keine Abteilung von der Möglichkeit zur unternehmensweiten Kommunikation ausgeschlossen; die speziellen Sub-LAN's gewährleisten den Abteilungen ihre **Unabhängigkeit** und decken deren spezifische Bedürfnisse ab.

Zur Verbindung der i. a. von unterschiedlichen Herstellern stammenden LAN's müssen spezielle, auf den Einsatzfall abgestimmte Gateways entwickelt werden – in Bild 37 durch G1 bis G3 angedeutet. Diese Entwicklungen müssen nicht unbedingt auf der 'Physik' der verschiedenen LAN's aufsetzen – wie in Bild 23 dargestellt – sondern können z. B. zwischen Standard-Schnittstellen der NIU's eingerichtet werden und auf deren Verbindungsservices aufsetzen. Im Einzelfall muß untersucht werden, welche Design-Alternative die kostenmäßig und funktional günstigste darstellt. Nach dem Stand der Standardisierung kann nicht erwartet werden, daß solche Gateways in absehbarer Zeit am Markt als Standard-Lösungen käuflich sind.

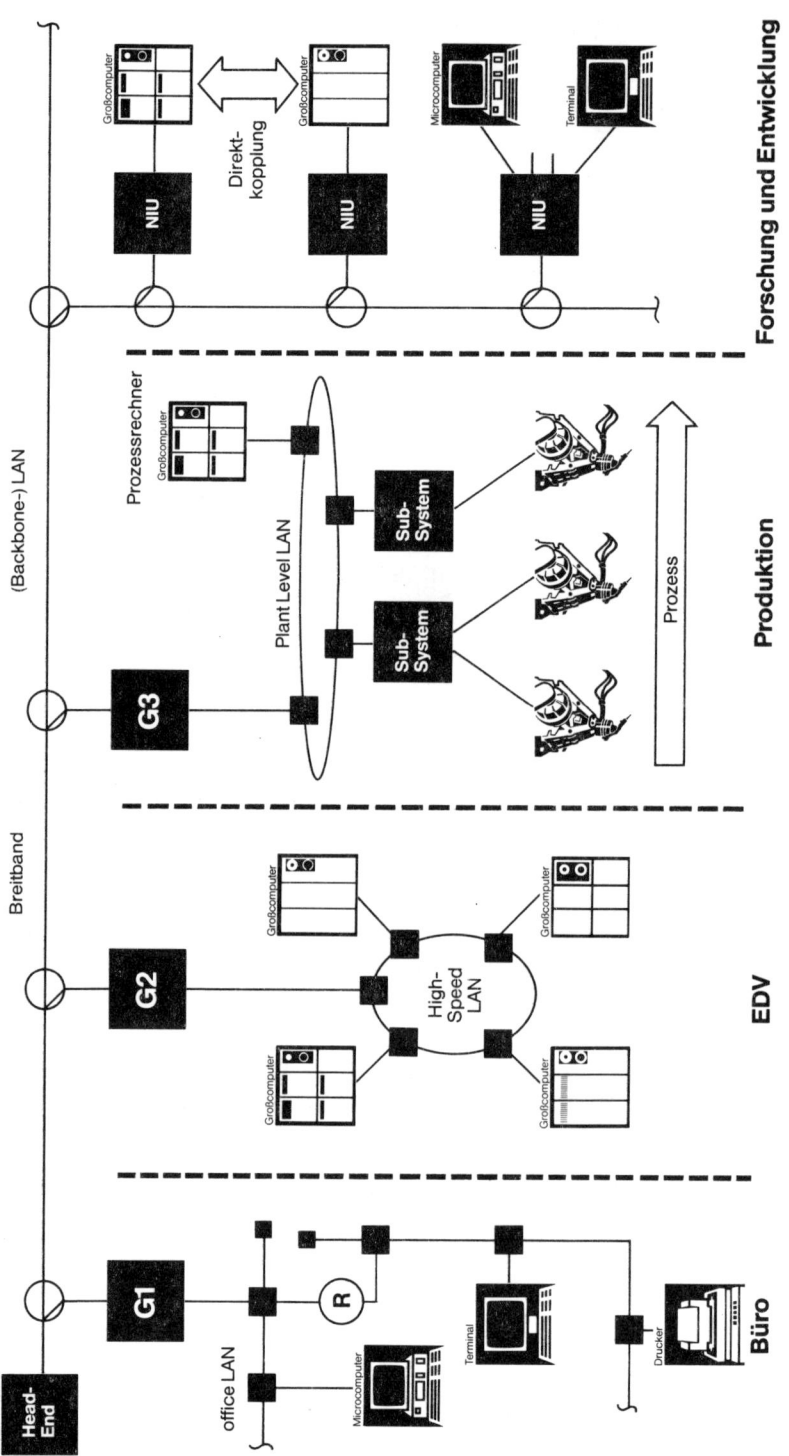

Bild 37: LAN-Netze und -Subnetze in verschiedenen Anwendungsbereichen eines Unternehmens

76

5.2.2 APPLIKATIONS-BEZOGENE LÖSUNGEN

Auf der Grundlage einer sinnvoll durchdachten Infrastruktur lassen sich Applikationslösungen besser und effizienter gestalten. Bei der Entwicklung der Applikationsprogramme sollte von folgender Vorstellung über die Gesamtarchitektur ausgegangen werden:

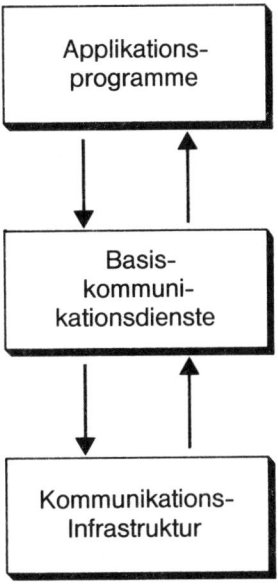

Bild 38: Wechselbeziehungen in der Gesamtarchitektur aus Applikationsprogrammen, Kommunikationsdiensten und -Infrastruktur

Kommunikationsinfrastruktur, Basiskommunikationsdienste und Applikationsprogramme bauen aufeinander auf – wie in Bild 38 dargestellt.

Die Leistungsfähigkeit der in Kap. 5.2.1 diskutierten Struktur wird erst durch ein Angebot sogenannter **Basis-Kommunikationsdienste** voll erschlossen. Diese Dienste ('Services') bedienen sich der unterliegenden Netzstrukturen, ähnlich wie Eisenbahnzüge das Schienennetz nutzen. Es stehen transport- und applikations-orientierte Dienste zur Verfügung, die in einem rasanten Entwicklungsprozeß begriffen sind und die sich weiter diversifizieren. Tabelle 10 setzt einige der möglichen Inhouse-Kommunikationsdienste in Beziehung zu den Diensten öffentlicher Netze.

Transportorientierte Dienste im Inhouse-Bereich müssen – abgesehen von den Hochgeschwindigkeitsverbindungen – eine Entsprechung in den Diensten der öffentlichen Netze finden. Dies ist sicher eine notwendige Voraussetzung für die Ausgestaltung unternehmensweiter Kommunikation, die heute z. T. durch die Datex-Dienste für Daten- und Textkommunikation abgedeckt wird. Für die durch Breitband-LAN's mögliche Video-Kommunikation gibt es in den öffentlichen Netzen derzeit keine Entsprechung. Ob es zukünftig auf Basis des ISDN oder der Breitband-Verkabelung Video-Kommunikationsdienste geben wird, ist z. Z. noch unklar.

	Kommunikationsdienste	
	intern gerichtet ('Inhouse')	extern gerichtet ('Post')
deutliche Transport-Orientierung	Verbindungsdienste 'Low Speed' bis 64 KBit/s 'High Speed' bis 50 MBit/s Video-Übertragung	Datex-Dienste u. HfD ISDN-Transportdienste
⬆	File Transfer Services (einschl. Format-Konversion) Message-Broadcasting Electronic Mail Voice Mail	Electronic Mail Telex, Teletex Mailbox
⬇ **zunehmende Anwendungs-Orientierung**	Voice Annotation Document Handling Computer-Konferenz	Bildschirmtext Video-Konferenz

Tabelle 10: Korrelation intern- und extern-gerichteter Kommunikationsdienste

Dienste für unternehmensweite Kommunikation benötigen nicht unbedingt entsprechende Services auf der öffentlichen Seite, da die Zielgruppe, die über diese Dienste erreicht werden soll, unternehmens-intern ist. Solche Dienste benötigen lediglich transparente Transportdienste der öffentlichen Netze.

Ein unternehmensweit eingerichteter Electronic Mail Service kann z. B. völlig anders gestaltet sein als der von der Bundespost geplante Electronic Mail Dienst. Notwendig wird aber ein **definierter Übergang,** so daß im Unternehmen geprüfte 'Briefe' vom öffentlichen Service zur Weiterleitung an die betreffenden Adressaten außerhalb des Unternehmens übernommen werden können. Bei 'Voice-Mail' und 'Mailbox' handelt es sich um ähnliche Dienste, die zur 'Ablage' von Sprache bzw. Text dienen. Diejenigen Benutzer, die die 'Adresse eines Ablagefaches' kennen, können dort Informationen ablegen bzw. gespeicherte Informationen abrufen.

Sprach-Annotation ('Voice-Annotation') ist ein Dienst zur Verbindung von Text mit Sprachkommentaren. Für diesen Dienst wird es unzählige Anwendungen in allen Bereichen geben, wenn es darum geht, textliche und bildliche Vorlagen zu kommentieren.

Einen weiteren hochentwickelten Dienst stellt die elektronische Dokumentenverwaltung dar ('Document Handling'). Unter einem 'Document' versteht man in diesem Zusammenhang mehr als eine 'Akte', es kann aus Sprach-, Bild-, Text- und Daten-Informationen beliebig zusammengesetzt sein. Dieser Service setzt allerdings die **digitale Speicherung und Verarbeitung aller Informationsformen** voraus.

Ein weiteres Beispiel ist der 'Computer-Konferenz'-Dienst, eine Form der Kommunikation, in der sich Computer zeitversetzt miteinander 'unterhalten', indem sie über einen gemeinsamen Speicher Daten und/oder Texte austauschen.

Die Bundespost plant z. Z. die Einführung eines Video-Konferenzdienstes, der wegen seiner Kostenstruktur allerdings nur für große Unternehmen interessant sein dürfte. Wenn ein solcher Dienst eingerichtet wird, müßte der Übergang auf die Video-Kanäle der Breitband-LAN's möglich sein, da der Anwender sonst nur den halben Nutzen daraus hat.

Die Beispiele zeigen, daß auf der einmal eingerichteten Kommunikations-Infrastruktur eine **ständige Fortentwicklung benutzernaher, applikations-orientierter Services** möglich ist. **Die dezentralen Architekturen erlauben es, jederzeit neue, zusätzliche 'Applikationsserver' für Kommunikationszwecke hinzuzufügen und obsolet gewordene Dienste zu ersetzen**.

Server sind für die Abwicklung eines Dienstes optimierte Computer, die durch die Kommunikations-Infrastruktur allen Teilnehmern zur Verfügung stehen. Nimmt der Nutzungsgrad eines bestimmten Dienstes zu, kann die Kapazität durch Hinzufügen eines weiteren Servers erhöht werden. Das Netzwerkmanagement verwaltet diese Kapazitäten und weist dem Benutzer einen freien Server-Eingang zu.

Die in Tabelle 10 erwähnten 'Kommunikationsdienste' sind in der diskutierten Form in Entwicklung bzw. nur in Ansätzen verfügbar, aber noch nicht am Markt als käufliche (Software-)Produkte erhältlich. Für große Unternehmen wird sich auch die spezielle Entwicklung solcher Dienste lohnen, da sie auf diese Weise unternehmensspezifisch angepaßt werden können. Kleinste, kleine und mittlere Unternehmen werden wohl von 'standardisierten' – vermutlich in den USA für den Weltmarkt entwickelten – Lösungen Gebrauch machen müssen.

In einigen incorporierten LAN-Lösungen – vgl. dazu das Beispiel des vorgestellten Produktes NS 8000 der Fa. Xerox in Kap. 4 – sind die vorgestellten Inhouse-Kommunikations-Services z. T. schon realisiert. Mit den Diensten 'Electronic Mail' und 'Document Handling' eignet sich dieses System für den Büro- und Verwaltungsbereich. Wenn auch diese Dienste hersteller-spezifisch entwickelt sind und damit eine geschlossene Architektur bilden, bietet das System doch über den 'Kommunikationsserver' und das standardisierte Ethernet-Verfahren 'genügend Offenheit'. Eine mögliche Einbeziehung solcher Produktlösungen in die Umgebung eines Anwenders zeigt Bild 39.

Aufgrund der weltweiten Akzeptanz des Ethernet-Verfahrens und der nachträglich erfolgten Standardisierung im IEEE 802 **koexistieren verschiedene Ethernet-LAN-Lösungen im selben Netz,** ohne sich gegenseitig zu stören. Offene, infrastrukturierte Ansätze können mit anderen Lösungen – im Bild mit NS 8000 von Xerox – gemischt werden. Der heute erreichte Grad der Standardisierung ermöglicht nur selten direkte Kommunikation zwischen den Produkten verschiedener Hersteller, da die Software-Gestaltung auf den 'höheren' Ebenen des ISO-Schichten-Modells unterschiedlich ist. So verwendet Xerox z. B. seine XNS-Protokolle auf den Ebenen 3 – 7; Ungermann-Bass hat ebenfalls eigene Implementationen vorgenommen – auch in Ermangelung vorhandener Standards zur Zeit der Systementwicklung. Beide Hersteller haben aber öffentlich erklärt, daß sie kommende Standards nachträglich in ihre Systeme übernehmen werden und Ungermann-Bass beabsichtigt, XNS-Protokolle zu implementieren, so daß zwischen Net/One und NS 8000 Kommunikation möglich werden wird.

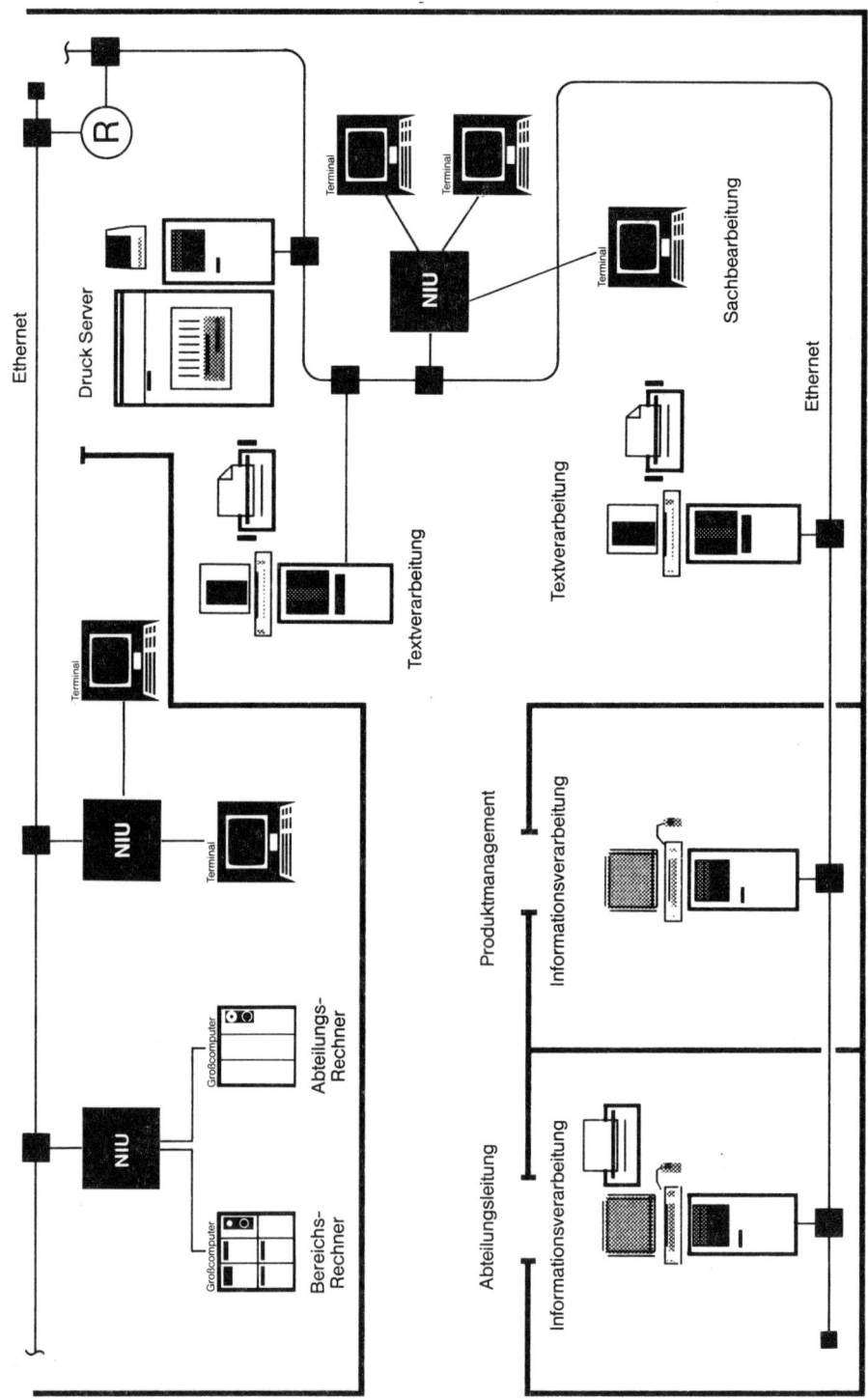

Bild 39: Abteilungs-/Bereichs-bezogene LAN-Lösung für Applikations-
und Infrastruktur-Probleme

Was bedeuten eine Kommunikationsinfrastruktur nach Bild 36 und die darauf aufbauenden Inhouse-Kommunikationsdienste für die Gestaltung der Applikationsprogramme?

Die Zukunft wird zeigen: eine geradezu **revolutionäre Umwälzung im Design der Applikationssoftware.**

Der Applikations-Programmierer wird sich in Zukunft nicht mehr um 'Systemprogrammierung' kümmern müssen. Auf allen Maschinen kann eine **klare Trennung zwischen Applikations- und Kommunikationssoftware** vorgenommen werden, die von unabhängigen Prozessoren gestützt wird. Moderne Programmiersprachen wie z. B. Pascal unterstützen diese 'Programm-Evolution', indem sie beispielsweise Ein-/Ausgabe-Operationen in separate 'Prozeduren' einbinden. Für zukünftige Applikationsprogramme endet der Zugriff auf (lokale oder ferne) Daten mit dem **Aufruf eines Services.** Der gestalterischen Phantasie sind in einer solchen Gesamtarchitektur nach Bild 39 keine Grenzen gesetzt. Die modernen Kommunikationstechnologien – einschließlich der LAN's – werden einen endgültigen Schlußstrich unter die noch heute verbreitete 'Dampf-EDV' ziehen.

In der Vergangenheit (60er und 70er Jahre) wurde der Ablauf der Arbeitsprozesse an die technischen Möglichkeiten der Groß-EDV angepaßt, der natürliche Ablauf wurde durch die Abbildung auf eine zentralistische Systemarchitektur 'verzerrt'. Dies hat zu den bekannten Folgeerscheinungen geführt: Zugriff auf Ergebnisse durch manuelles Aufsuchen in meterlangen DV-Ausdrucken, mangelhafte Aktualität der DV-Listen, starrer Systemrhythmus (Eingabe von Parametern und Abfrage von Ergebnissen nur zu bestimmten Zeiten möglich), Entfremdung zwischen Fach- und DV-Abteilung usw., usw. Schließlich lassen sich eine Reihe von Arbeitsschritten und Leistungen schlichtweg gar nicht durch EDV unterstützen.

Durch die Fähigkeit, bestehende Groß-DV-Systeme und beliebige kleine und mittlere Arbeitsplatzsysteme in einen kommunikativen Verbund zu ziehen, bieten LAN's die Möglichkeit zur Umgestaltung und schrittweisen Anpassung der Applikationen an die Arbeitsprozesse, so daß diese wahlweise und nach Bedarf zentral oder dezentral (lokal) unterstützt werden können. Dieses Ziel läßt sich schrittweise und in einem iterativen Prozeß zwischen Herstellern und Anwendern erreichen.

Die Einbeziehung der heute noch isolierten Computer, Textsysteme, Arbeitsplatzsysteme usw. in eine hochflexible Infrastruktur ist die Voraussetzung für die Umgestaltung der Applikationen in Sinne höherer Effizienz. Der innovative Aspekt besteht darin, Arbeitsprozesse auf ihren natürlichen Ablauf zurückzuführen und in jedem Schritt mit adäquater Technik zu unterstützen. Dies ist nur in einem dezentralen Systemkonzept möglich, das von den LAN-Lösungen direkt unterstützt wird.

6. ENTWICKLUNGSTENDENZEN FÜR DIE ZUKUNFT

Die Frage nach der Zukunft der LAN's ist für Hersteller und Anwender von herausragender Bedeutung, da mit den Investitionsentscheidungen von heute die Weichen für die Gestaltung der Kommunikationslösungen von morgen – vielleicht für einen Zeitraum von 10 Jahren – gestellt werden.

Die Diskussion um die Zukunft der Inhouse-Kommunikationslösungen wird leider nicht ohne Emotionen geführt; die Fachwelt zerfällt z. Z. in zwei Lager: in Befürworter und Gegner der LAN's.

Die Befürworter der LAN's orientieren sich an den Märkten USA und Japan und argumentieren, daß sich die Anwendung und Entwicklung dieser Technologien in der BRD nur um den Preis des technologischen Rückstandes vermeiden läßt. Sie bezweifeln, daß die Bundespost mit ihrer ISDN-Konzeption auch die Bedürfnisse der Inhouse-Kommunikation befriedigen kann. Sie sehen in den Systemen zur unternehmensinternen Kommunikation einen Bereich, der sich relativ unabhängig von den Fortschritten bei den öffentlichen Netzen entwickeln kann.

Die Gegner der LAN's bauen auf das in der CCITT verabschiedete ISDN-Konzept und darauf, daß es zu einer möglichst raschen Realisierung des dienstintegrierten, digitalen Netzes kommt (europaweit bis 1995). Sie setzen voraus, daß die Bedürfnisse der Inhouse-Kommunikation durch das Angebot öffentlicher Dienste (z. B. Bildschirmtext) mit abgedeckt werden kann und daß die Anwender in kurzer Zeit ihren Gerätebestand durch entsprechende ISDN-fähige Systeme ablösen werden.

Dieser 'Wettkampf der Systeme und Konzeptionen' wird wohl so nicht stattfinden. Beide Philosophien sind nämlich nicht kongruent, sondern – im Gegenteil – komplementär zu verstehen:

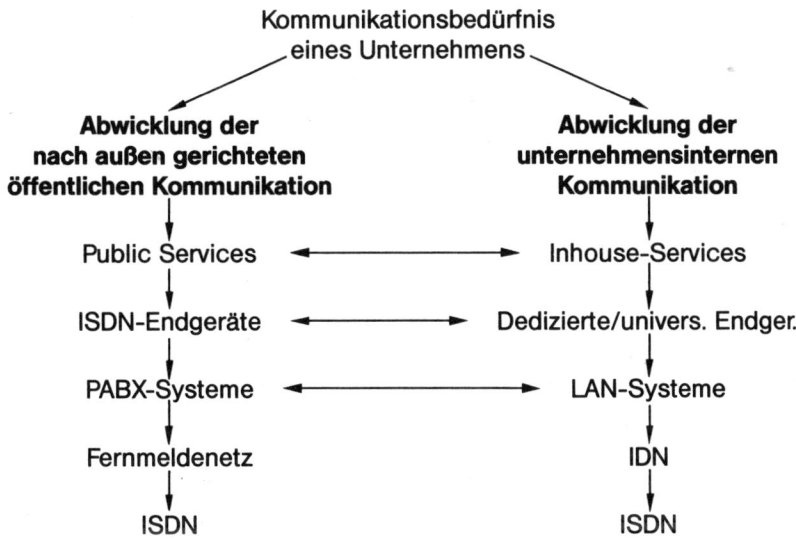

Der bereits in Kap. 4 erläuterte Zusammenhang sei hier nochmals aufgegriffen.

Jedes Unternehmen hat das Bedürfnis zur Abwicklung der **nach innen** und **nach außen** gerichteten Kommunikation. Geht man vom Stand der Technik aus und berücksichtigt:

– für die Realisation des ISDN einen Zeitraum von mindestens 10 Jahren

– für die Entwicklung ISDN-fähiger Endgeräte einen Zeitraum von mindestens 5 Jahren

– den Ablösungszyklus der Systeme und die Umgestaltung der Applikationen beim Anwender mit mindestens 15 Jahren

– die heutige Verfügbarkeit der LAN's

– den Prozeß der Standardisierung

so läßt sich feststellen, daß sicher **in einem Zeitraum von 10 Jahren** – wahrscheinlich aber noch wesentlich länger – **ISDN/PABX- und LAN-basierende Lösungen koexistieren werden.**

Der für den Aufbau des ISDN benötigte Zeitraum ist nicht nur von der Bundespost, sondern vom Gleichklang der europäischen Postverwaltungen bestimmt. Er wird von **technischen** und **politischen Einflußgrößen** bestimmt. Der Aufbau des ISDN bedeutet zunächst nur ein zusätzliches – digitales – Transportnetz. Für Hersteller und Anwender beginnt damit ein iterativer Prozeß, eine Palette ISDN-fähiger Endgeräte zu entwickeln, auf die der Anwender seine Applikationen sukzessive stützen kann. Durch die Leitungsvermittlung im ISDN bleibt es aber bei der zentralistischen (DV-)Architektur der Applikationen; ein Nutzen für den Anwender entsteht nur dann, wenn in die Applikationen ISDN-Services mit einbezogen werden können.

Dem steht die heutige Verfügbarkeit der Local Area Networks und ihre Fähigkeit gegenüber, **beim Anwender existierende Systeme zu verkoppeln.** Die 'Intelligenz' der LAN-Verbindungen (durch Paketvermittlung und LAN-Software) und die dezentral-orientierten LAN-Systemarchitekturen sind für den Anwender eine **unmittelbar verfügbare Alternative zur Umgestaltung seiner Applikationen.** Die Ausdifferenzierung entsprechender Kommunikationsservices in den LAN's für die unternehmens-interne Kommunikation dürfte derzeit nur durch die Phantasie begrenzt sein.

Realisierbar sind die Applikationen des Anwenders sowohl auf zentralistisch-orientierten PABX-/Computer-/Server-Konzepten als auch auf den dezentral-orientierten Konzepten aus LAN's, Computern und Servern. Die Anpassungsfähigkeit dieser unterschiedlicher Konzeptionen an die Arbeitsprozesse und der Umdenkungsprozeß beim Anwender werden entscheiden, welche Konzepte sich durchsetzen.

Auf absehbare Zeit bleiben die LAN's:

– **topologische Alternative zur Sternstruktur der PABX-Systeme**

– **integrierende Alternative bzgl. der Informationsformen einschl. Video**

– **funktionale Alternative gegenüber der Leitungsvermittlung und**

- **konzeptionelle Alternative zur Gestaltung dezentraler, kommunizieren- der Applikationen.**

Wahrscheinlich wird die Zukunft die **Symbiose** und die **Diversifikation** beider Systemphilosophien zeigen.

Die Akzeptanz der LAN's durch Hersteller und Anwender in der Bundesrepublik Deutschland wird deren Zukunft nicht entscheiden, vielleicht nicht einmal – aber hoffentlich doch – mitbestimmen.

7. ERLÄUTERUNGEN WICHTIGER FACHBEGRIFFE

Applikation

„Anwendung"; die programm-technische Umsetzung unternehmens-spezifischer Aufgabenabläufe auf Computer und Kommunikationssysteme

Applikations-orientiertes LAN

LAN Produkt-Lösung, die aus Sicht des Anwenders primär durch die Eigenschaften der Computer, Terminals und Server bestimmt ist.

Bandbreite

Maß für den Kapazitätsbedarf auf einer Leitung zur Übertragung einer bestimmten Information, gemessen in MHz (Mega-Hertz)

Basisband-LAN

LAN Architektur auf Basis parallel wirkender Kommunikationskanäle durch Zeitmultiplextechnik

Breitband-LAN

LAN Architektur auf Basis parallel wirkender Kommunikationskanäle durch Frequenzmultiplextechnik

Breitband-Kommunikation („breitbandig")

Informationsübertragung mit einem Bandbreitenbedarf von 1 MHz bis 1 GHz

Bridge

Kommunikationsrechner zur Verbindung gleichartiger LAN's

Bussystem

Technische Struktur zur Übertragung digitaler Signale

Communication Services

Dienstleistungen, die von LAN's für die Kommunikation erbracht werden, z. B. das Herstellen von Verbindungen

CPU (Central Processing Unit)

Prozessor zur Bearbeitung der Applikationsprogramme in einem Computer-System

DV-Technik (Datenverarbeitungs-Technik)

Sammelbegriff für die Systeme der klassischen Elektronischen Datenverarbeitung, also Großcomputer, Terminals, Drucker usw

ESPRIT (European Strategic Programme of R & D Information Technologies)

Europäisches Forschungsprogramm zur Förderung der Informationstechnologien

FEP (Front End Prozessor)

Einem Großcomputer vorgelagerter Kommunikationsrechner (Groß-EDV)

Frame	Vereinbarung über den Aufbau einer digital codierten Nachricht
Gateway	Kommunikationsrechner zur Verbindung verschiedenartiger System-Architekturen
Hardware	Alle anfaßbaren, materialisierten Teile eines Computers/Kommunikationssystems
HfD (Hauptanschluß für Direktruf)	Von der Bundespost angebotenes Leitungsnetz zur Datenübertragung
IDN (Integriertes Text- und Daten-Netz)	Von der Bundespost entwickeltes Netz zur Text- und Datenübertragung
Informationstechnologie synonym verwandter Begriff: Kommunikationstechnik	Sammelbegriff für alle technischen Systeme, die zur Übertragung und Verarbeitung von Informationen ausgelegt sind
Infrastruktur-orientiertes LAN	LAN Produktlösung, die durch standardisierte Schnittstellen und Transportservices bestimmt ist
Inhouse (eingedeutscht: 'Inhaus')	Aus dem Amerikanischen übernommener Begriff für den privaten Bereich eines Unternehmens – Gegensatz zu „öffentlich"
ISDN Integrated Services Digital Network	International geplantes und von der Bundespost forciertes Netz zur digitalen Übertragung von Sprache, Daten, Text und Festbild
Leitungsvermittlung	Vermittlung der Charakteristik einer durchgehenden Leitung zwischen zwei Kommunikationspartnern
Local Area Network (Kurzform: LAN)	Auf den privaten Bereich eines Anwenders beschränktes System zur Verbindung von Computern, Terminals usw. und zur Übertragung von verschiedenen Informationsformen (Daten, Text, Bewegtbild usw.)
Mainframe (synonym: Host)	Großcomputer
Modem	Anpassungsgerät zur Übertragung von Daten
Multiprogramming	Paralleles Bearbeiten mehrerer Programme

Nachrichtentechnik	Sammelbegriff für alle technischen Systeme, die zur Übertragung von Informationen ausgelegt sind
öffentliche Dienste (in der Fernmeldetechnik)	Von der Bundespost angebotene Dienstleistungen für die Kommunikation, z. B. – Fernmeldedienste (Auskunft usw.) – Telefax (Festbildübertragung)
öffentliche Netze	Von der Bundespost gestellte technische Systeme für die Übertragung von Informationen, z. B.: – Fernmeldenetz für Sprachübertragung – Datex-Netze für Datenübertragung
offline	Vom Bediener zeitlich entkoppelte Programmbearbeitung
online	Programmbearbeitung unter Kontrolle und Einwirkung eines Bedieners
open LAN	„Offenes LAN" – infrastruktur-orientiertes LAN zur Verbindung verschiedener Computer, Terminals usw
OSI-Model (Open Systems Interconnection)	Von der ISO entwickeltes Architekturmodell für die Struktur von Kommunikationsprotokollen
PABX (Private Automatic Branch Exchange System)	Vermittlungsteil einer Telefon-Nebenstellenanlage
Paketvermittlung	Vermittlung „paketierter" Information zwischen zwei Kommunikationspartnern
Proprietary LAN	Hersteller-Spezifische, i.a. „geschlossene", applikations-orientierte LAN-Architektur
Repeater	digital arbeitender Verstärker in einem LAN
RJE (Remote Job Entry)	Programm-Karten-Einlesestation (Groß-EDV)
Schmalband-Kommunikation („schmalbandig")	Informationsübertragung mit einem Bandbreitenbedarf von 0 – 1 MHz
Software	Programme; ein Programm besteht aus einer Folge von Anweisungen, die sich aus der Logik der programmierten Aufgabenstellung ergeben und die andererseits die Möglichkeiten des verwendeten Computers reflektieren

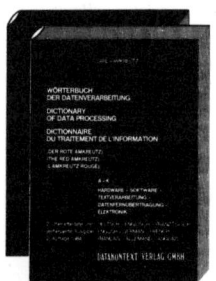
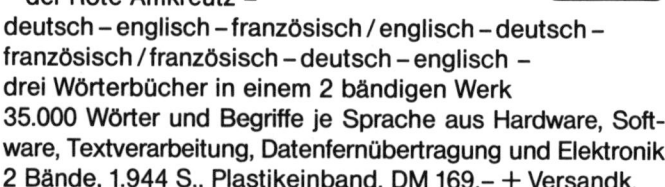
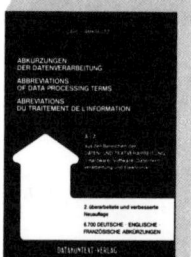